LOS TELARES DEL DESTINO

EURÍPEDES KÜHL

Por el Espíritu
DOMITILA

Traducción al Español:
J.Thomas Saldias, MSc.
Trujillo, Perú, Octubre, 2023

Título Original en Portugués:
"Os Tecelões do Destino"
© Eurípedes Kühl, 2018

World Spiritist Institute
Houston, Texas, USA
E-mail: contact@worldspiritistinstitute.org

Del Médium

Eurípedes Kühl nació en Igarapava, SP, el 21- 08- 1934. Hijo de Miguel Augusto Kühl y Anna García Kühl, está casado con doña Lúcy Câmara Kühl y tienen 2 hijos.

Profesionalmente es oficial del Ejército (Capitán), paracaidista, estando en la Reserva Remunerada desde 1983, después de 31 años de servicio activo, sirviendo en varias guarniciones militares.

También es Licenciado en Administración de Empresas.

Su nombre es un merecido homenaje a Eurípedes Barsanulfo, rendido por su madre, quien fue curada por el bondadoso médium, en un desdoblamiento espiritual, en 1917.

Vive en Ribeirão Preto – SP, donde trabaja con gran entusiasmo en el movimiento espírita.

Del Traductor

Jesús Thomas Saldias, MSc, nació en Trujillo, Perú.

Desde los años 80s conoció la doctrina espírita gracias a su estadía en Brasil donde tuvo oportunidad de interactuar a través de médiums con el Dr. Napoleón Rodriguez Laureano, quien se convirtió en su mentor y guía espiritual.

Posteriormente se mudó al Estado de Texas, en los Estados Unidos y se graduó en la carrera de Zootecnia en la Universidad de Texas A&M. Obtuvo también su Maestría en Ciencias de Fauna Silvestre siguiendo sus estudios de Doctorado en la misma universidad.

Terminada su carrera académica, estableció la empresa *Global Specialized Consultants LLC* a través de la cual promovió el Uso Sostenible de Recursos Naturales a través de Latino América y luego fue partícipe de la formación del **World Spiritist Institute**, registrado en el Estado de Texas como una ONG sin fines de lucro con la finalidad de promover la divulgación de la doctrina espírita.

Actualmente se encuentra trabajando desde Perú en la traducción de libros de varios médiums y espíritus del portugués al español, habiendo traducido más de 260 títulos, así como conduciendo el programa "La Hora de los Espíritus."

Índice

Agradecimientos 6
Prefacio 7
1. La Laguna Dormida 9
2. La Conciencia es una Brújula 26
3. Amar Sin Ser Amado 43
4. Levitación 65
5. Luz y Sombra 88
6. Tejido Divino 108
7. Tamborines de la Estrella D'Alva 117
8. Modificando Códigos 141

Agradecimientos

Todos los pasos que hemos podido dar hasta este momento en el camino de la iluminación de la Literatura Espírita, se los debemos a la Caridad de Jesús, reflejando el Amor Infinito de Dios. Nuestro agradecimiento al Maestro y al Padre solo podemos expresarlo cuando, con sinceridad, hemos trasladado el aliento recibido de los lectores, a los autores espirituales que, a través de la psicografía o la intuición, nos presentan tan útiles aprendizajes.

De ellos es todo el mérito de las enseñanzas doctrinarios de las que nos posicionamos como simples correos y primeros aprendices.

Es nuestra alegría saber también que amigos anónimos hojean con algún provecho las páginas doctrinarias que a través de nuestro aprendizaje han llegado "desde lo Alto."

Finalmente, nuestro agradecimiento fraterno a la dulce y gentil Domitila, autora espiritual de esta obra.

El médium.

Prefacio

Ante cualquier malestar o sufrimiento, tras las pruebas y expiaciones que visitan el alma, muchos de los que sufren tales vicisitudes de la existencia terrena tienen con ella una pesada deuda "con el destino."

El destino; sin embargo, es una expresión humana, que atribuye suerte o mala suerte a la vida física, dando paso al azar.

Repetimos aquí lo que muchos espíritus y espíritas ya afirmaron: estas cuatro palabras perdieron credibilidad cuando Allan Kardec codificó el Espiritismo, unificando racionalmente sus significados, bajo el procedimentalismo de la Ley de la Justicia Divina: plantar y cosechar – libre aquella, obligatoria, ésta.

Si tuviéramos que reflexionar espiritualmente sobre la bendición de las reencarnaciones, bajo el amparo de la Ley de Acción y Reacción, diríamos, en términos del lenguaje terrenal, que la vida es una pieza infinita por tejer. Además del telar, los hilos y los excelentes modelos, Dios constantemente pone a disposición de cada uno de nosotros maestros y supervisores pacientes para enseñarnos a hilar cosas buenas. Emplear los medios, escuchar a los maestros y copiar sus modelos: todo esto es nuestra elección.

Esta es la plantación. A veces, en una sola existencia. Cuando llegue el momento, cosecharemos lo que sembramos.

Cosechas... éstas a veces abarcan varias vidas...

Tal comprensión del pasado nos lleva a descartar la revuelta y reemplazar, en el presente, la queja por la resignación, con la cual la fe en el futuro desencadenará nuestra reconstrucción moral.

En esta humilde narración, registramos las dificultades y luchas de un pequeño grupo de personas, solo en el presente.

Al tratarse de una realidad reciente, dejamos intencionalmente a los lectores el análisis y reflexión sobre los dramas de cada uno de los personajes, por lo que imaginamos no será difícil percibir e identificar algunos reflejos del pasado que los unen, como así como cómo cada uno de ellos reestructura su futuro.

Lección para todos nosotros, sin duda...

Después de todo, no será difícil comprender que cada espíritu – y solo él – es el tejedor de su propio destino.

La autora espiritual.

1. La Laguna Dormida

La Luna, en un abrazo de paz, arrojó una suave luz sobre la pequeña y pacífica ciudad.

La noche, a su vez, solidaria con la Luna, derramó silencio en la extensión, haciendo parecer como si en cada una de las miles de ciudades contempladas hubiera una Luna, precisamente de ese lugar.

Esperado durante meses, pronto comenzaría un gran acontecimiento social: el baile de debutantes.

Cada año los organizadores intentaron superar el baile anterior. Ese año, decisivamente, pasaría a la historia del municipio porque nada más, nada menos que la hija del alcalde, formaba parte de las debutantes.

De hecho, "ser parte" no era del todo la realidad: lo que se pudo ver es que Turmalina, si bien no era la más linda, sí era la más rica, por lo que fue la más halagada, siendo elegida reina de la clase, graduada por dos mitades: ella y los demás jóvenes.

Turmalina – "Lina", como la llamaban – a los quince años se creía la más bella; no tanto por sus hermosos ojos azules, que dependiendo de la luz del Sol tenían tonos violetas, de ahí su nombre, sino más por los aduladores de su padre, muchos de los cuales, siempre lo afirmaban. Tenía los ojos más bellos de todos, pero su presencia, en conjunto, no era la más bella. Eso no fue realmente...

Felício, el alcalde, a quien todos llamaban "Doctor Felício", aunque no tenía la formación académica para hacerlo, ya que solo había terminado la secundaria, se había encargado que su hija tuviera lo mejor. Y tener lo mejor, en este caso, sería, como de hecho lo fue, tener la fiesta realzada por la orquesta más famosa: "Sueño Azul", que tendría que cruzar tres estados para estar allí esa noche.

Al año siguiente se celebrarían elecciones municipales...

Felício, astuto y calculador, consideró que poner su ciudad en la crónica social de la televisión y de los periódicos de la región valdría la pena. Utilizando su autoridad como presidente municipal del partido gobernante, mayoritario en el ayuntamiento, convenció a los concejales para que aprobaran un bonito proyecto de festividades conmemorativas del cincuentenario de la ciudad, coincidiendo con el *debut* de Lina.

Si el proyecto fuera "pensado", es fácil deducir que también sería caro: solo para "Sueño Azul" se destinaría un tercio de los fondos destinados a las festividades de aquel cincuentenario. De nada sirvieron las pocas voces de dos concejales de la oposición, que se oponían a ese gasto. De hecho, ambos tuvieron el disgusto de no ser invitados al baile, porque el "comité de hadas" - Lina, la presidenta de la clase la llamaba así - recibió órdenes veladas de Felício de excluirlos.

A las veintidós horas, en el "Club de los Valses" - el único de la ciudad- , se escucharon los armoniosos acordes iniciales del inmortal vals El Danubio Azul, de Johann (II) Strauss (1825- 1899). Con esta actuación, considerada "el himno del Club de los Valses", la orquesta marcó su tono y dio a conocer su presencia.

La sala, decorada con cierta exageración, tenía una iluminación predominantemente azul, agradando a la orquesta.

Cuando la orquesta terminó la actuación antes mencionada, Tom, el locutor de la radio local, anunció:

- Señoras y señores, ¡buenas noches! Pocos respondieron. Tom continuó:

- Honrada por la presencia de todos, en esta magnífica noche en la que nuestra ciudad está en plena gala, nadie mejor que su ciudadano número uno para agradecerles su apoyo, que nunca ha faltado y nunca faltará...

Aquí ya se podía notar el significado no tan oculto de lo que estaba por venir, pues aquel "nunca faltará" sonó más bien a "esperamos que lo reelijan..."

El servicial líder ceremonial continuó:

– Es con gran honor como ciudadano, pero con mayor alegría en mi corazón, como amigo, que doy ahora la palabra al excelente Dr. Felício, nuestro distinguido magistrado municipal.

Llamar "Doctor" al alcalde ya era una herejía pedagógica, pero "magistrado municipal" había excedido el ámbito de posible sinvergüenza indirecta en aquellas circunstancias.

La orquesta, según lo acordado, sonó acordes solemnes, recordando la *"Canción del torero"*, de la ópera Carmen, del célebre compositor francés Georges Bizet (1838- 1875).

Pobre Bizet: ¿qué hizo para merecer un recuerdo tan inadecuado? Con impecable esmoquin, apareció Felício detrás del escenario, caminó lentamente hacia el centro, donde el sumiso Tom le entregó el micrófono. Se escucharon algunos aplausos.

Felício respiró hondo y empezó:

– Conciudadanos, amigos míos, Dios nos ha bendecido esta noche, porque tenemos estrellas en el cielo y también en la Tierra: nuestras hermosas debutantes, que hoy dejan su adolescencia para convertirse en mujeres jóvenes.

Le gustó mucho esta introducción y añadió:

– Este encuentro es una oportunidad única para que nuestros corazones se unan en apreciación de las flores de la belleza de esta ciudad, que están floreciendo para deleitar los ojos del mundo...

Este acabado me gustó aun más.

De hecho, ahora hubo muchos aplausos, ya que todos los familiares de las nueve jóvenes que debutaban estaban allí.

Dando tiempo a que duraran los aplausos, abrió la brecha política que había estado preparando durante meses:

– El ayuntamiento, que no ha escatimado esfuerzos para garantizar el brillo de esta fiesta, como tampoco escatima sacrificios por el bienestar de nuestro municipio, se siente recompensado por todo lo que ha hecho. Yo, como depositario de su confianza y como padre de una de las "hadas", me siento cada vez más capacitado para darlo todo por el crecimiento de nuestra ciudad. No puedo ni debo quitarles el tiempo, pero si Dios quiere y ustedes me ayudan, hay una probabilidad real que el año que viene, un gran logro mío, resuelva definitivamente nuestro problema crucial: la falta de agua. Para ello ya me he puesto en contacto con importantes amigos de este Estado, quienes expresaron su apoyo a este humilde servidor. Esta era una noticia que ya no podía guardarme para mí.

Solo un político para mezclar las celebraciones del cincuenta cumpleaños con un baile de debutantes y éste con la falta de agua, un problema que, de hecho, en esa ciudad solo afectaba a familias pobres de la periferia. Y jugando con el futuro...

Sin prejuicios: incluso debería prohibirse, en nombre del sentido común, pero sobre todo del respeto a la pobreza, que alguien vestido con ropa formal hable de los problemas municipales, que afectan casi solo a las familias necesitadas.

Pero esa es otra historia y no entraremos en ella.

Hablando del desfile, las nueve jóvenes, que ni siquiera prestaban atención a las palabras del alcalde, detrás del escenario esperaban impacientes su turno para entrar al salón.

Y el alcalde continuó emocionado:

– ¡Nunca – repito: ¡nunca como ahora nuestra ciudad, que hoy celebra su aniversario, ha sido tan hermosa, tan limpia, tan acogedora! Todos nuestros esfuerzos no han sido en vano. El municipio, al ritmo que nuestra gestión lo está haciendo avanzar, pronto tendrá su parque industrial y luego los avances que de él se deriven se traducirán en la solución de nuestros problemas actuales, todos ellos graves.

Ahora estaban surgiendo problemas "graves..." Para todos...

De manera demagógica, en una sola línea, comenzó diciendo que la ciudad era hermosa pero recordaba sus "problemas actuales." Todo estuvo bien pensado y preparado para el cierre, que no tomó mucho tiempo. Colocándose la mano derecha sobre la frente y la izquierda sobre el corazón, dijo en un tono exaltado y conmovedor a la vez:

– Mis pensamientos están todos centrados en el engrandecimiento de nuestra tierra y por eso necesito más tiempo para solucionar nuestros problemas y acabar con el dolor que siento aquí al ver tanta gente sin un mínimo de consuelo.

Este amor por "nuestra tierra", lo sentía Felício a medias. La otra mitad lo sintió por el poder y las ventajas que conllevaba su puesto. Se puede ver que incluso los relojes parados aciertan dos veces al día, así como cada verdad a medias contiene una mentira a medias...

Mientras hablaba, se golpeó suavemente la frente con la mano y con la otra se masajeó la región del corazón.

Aplausos tímidos...

Como si le hubieran aplaudido delirantemente, Felício añadió:

– Sé que no me extrañarán, como yo nunca te extrañaré. Mi vida pertenece a esta ciudad. ¡Quiero que sea hermosa y progresista! Gracias, damas y caballeros.

Los aplausos fueron mucho más por el final del discurso que por su contenido. Tom, el jefe de ceremonias, prosiguió:

– Con el corazón desbordante de emoción, después de la magnífica profesión de fe y de amor por nuestra tierra que acabamos de escuchar, doy sin demora la palabra a las "hadas." Por eso, las invito a subir a este escenario.

Nuevamente la orquesta tocó el *Danubio Azul*, mientras las chicas aparecían desde ambos extremos del escenario, hasta quedar frente al público.

Tom, todo dulce, suspiró:

– Ah, mis quince años...

Un bromista anónimo no pudo resistirse y gritó:

– ¿Tú también debutaste?...

La risa general del público y las sonrisas forzadas del locutor disiparon en parte las nubes políticas que se cernían sobre la sala. Tom se enderezó con cierto esfuerzo:

– Invito a Miss Turmalina, la reina de las debutantes de este año, a que nos diga dos o tres palabras.

Turmalina, en el centro del grupo, se acercó al micrófono, siendo saludada por Tom:

– Buenas noches, bella reina – Turmalina no perdió el tiempo:

– Buenas noches a todos, de parte mía y de las demás "hadas."

Al público le gustó. Tom fingió intimidad:

– Lina, cuéntanos qué siente tu corazoncito en estos momentos.

– ¡Felicidad, mucha felicidad!

– ¿Cómo fueron los preparativos para esta noche?

– Complicados, al coincidir con los exámenes finales. Si no fuera por mamá no quiero ni pensar...

Todos miraron hacia la mesa del alcalde, donde estaba Elenise, la madre de Lina, con sus padres. Lina ya no tenía abuelos paternos. El entrevistador continuó:

– Ah, es cierto: se me olvidaba que muchos de ustedes están terminando la secundaria. Felicitaciones a la excelente primera dama.

Los tímidos aplausos no avergonzaron a Tom, quien continuó:

– De hecho, felicidades a todas las valientes madres que, en su gracia y amor maternal, acompañaron a las "hadas" – sus hijas –

para que pudieran estar hoy aquí, tan hermosas, sin que sus estudios se vieran perjudicados.

Ahora el aplauso fue cálido.

– Pero dime, reina: ¿en qué piensas especializarte?

– Aun no lo sé... estoy pensando en Medicina...

– Qué bueno para todos nosotros en esta ciudad que tengamos un médico tan talentoso atendiéndonos. Hablando de eso, ¿cuál fue el regalo que recibiste de papá?

– Además de este hermoso anillo y muebles nuevos en mi habitación, un viaje de una semana a la playa.

– ¡Magnífico, magnífico! ¿Quieres contarnos algo más?

– Sí, quiero: agradezco a todos por estar aquí, pero no puedo evitar mandarle un beso especial a la persona que, con tanta sensibilidad nos proporcionó todo esto. Esta persona que todos admiramos, por su amor a nuestra ciudad y que estoy seguro regresará en el momento oportuno en forma de agradecimiento, encomendándole un nuevo mandato, para realzar los destinos de esta tierra. Como todo el mundo ya sabe, me refiero a mi padre, nuestro alcalde.

Imbuidas de sinceridad, fruto del amor filial, las palabras de Lina provocaron un aplauso también sincero por eso mismo. Felício, de hecho, era trabajador y dedicado. Turmalina, una activista independiente, había ensalzado las virtudes paternas, que realmente existían.

Tom, continuando, entrevistó una a una a las debutantes, manteniendo un breve diálogo con ellas. Después invitó a los padrinos de las niñas a subir al escenario, anunciando la principal atracción de la noche: Alex, la estrella de televisión nacionalmente conocida, allí la paraninfo de las "hadas." El famoso galán, oculto hasta entonces, no tardó en salir de detrás del escenario y besar las manos de una a una de las debutantes. Luego, llegó frente a Lina, hizo una reverencia a la reina y la invitó a inaugurar el baile con él.

Sus compañeras casi se mueren de envidia...

Lina, con el corazón acelerado y casi saltando del pecho, se deslizó por la habitación, "solo ella y su hermosa pareja", al son del vals *Voz de la Primavera*, del mismo compositor de *Danubio Azul*.

A continuación, como estaba establecido en el ceremonial, Alex bailó durante unos dos minutos, con cada una de las debutantes. Fotógrafos profesionales contratados por las familias de las niñas iluminaban con sus flashes y aprovechaban todos los ángulos, tanto de la sala decorada como del movimiento de las "hadas." Posteriormente, el salón fue liberado a todos los presentes.

Y precisamente entre los presentes, desconocidos para todos, un corazón desesperado parecía derramar lágrimas de tristeza, al ver a su amada en brazos distintos a los suyos...

La desesperación, fácil de entender, provenía de la gran diferencia social que separaba a Daniel – el dueño de ese corazón – del objeto de su amor, nada menos que Lina...

Daniel, a pesar de ser parte de aquel pueblo, sin pronunciar una sola palabra, clamó al cielo:

– "¿Por qué? ¿Por qué ni siquiera me mira, ni siquiera sabe que existo? La amo tanto... que sufro porque ella ni siquiera sabe de mi amor... será que un día, en esta vida, la tendré entre mis brazos, ¿y tus besos serán míos?"

Muy pobre, sin padre y sin madre, esa noche Daniel trabajó "horas extras" trabajando en el club como camarero. A los diecisiete años vivía bebiendo el sabor amargo del caldo de la pobreza. Había venido de la zona rural para trabajar como empleado en aquel club, donde todos lo consideraban un sirviente. Nada más que un sirviente. Entonces no tenía amigos allí.

Cuando el padre de Lina aun no era alcalde e iba con su familia al club, donde permanecían casi todo el día, Daniel solía servirles, llevándoles refrescos o helados, en la piscina o en el comedor.

Lo que sintió por Lina fue devastador cuando la vio por primera vez: ella solo tenía doce años y él catorce. Así, desde hacía unos tres años llevaba sofocando ese sentimiento que, escondido y atrapado en mi pecho, a costa de tantos muros sociales, se había convertido en una pasión alucinada.

Al verla en aquella noche de esplendor, el nivel de su sufrimiento aumentó, pues, paradójicamente, cada vez que se acercaba a Lina sentía que la posibilidad de algún día unir su destino con el de ella se hacía más lejana.

Ya era media mañana.

El elevado consumo de bebidas alcohólicas, como es habitual en casi todas estas ocasiones, ha hecho que muchas personas ya hayan superado el umbral de la normalidad. De hecho, no pocos estaban borrachos. Hombres y mujeres...

Las nueve debutantes vivieron su "sueño azul." Emocionadas, con el corazón rebosante de felicidad, cada una se proclamó la más bella entre las bellas. Con sus vaporosos vestidos largos, con valiosos collares adornando sus juveniles cuellos y regazos,

Exuberantes de gracia y vitalidad, las jóvenes en realidad parecían más hermosas de lo habitual. Dos de ellas, Clarice y Eva, deslumbraron incluso a quienes las conocían porque con el cuidado maquillaje para la fiesta del baile parecían otras personas. Producto de la asociación de la propia talla con el buen gusto en la vestimenta y el maquillaje adecuado, los presentes se quedaron con la grata sorpresa de descubrir allí, en su ciudad, a dos chicas sumamente hermosas.

Turmalina, como hija del alcalde y reina de las "hadas", por eso y porque se consideraba la más bella, se imaginaba no con derecho a exclusividad, sino merecedora de más atención por parte del joven artista de televisión. Y eso no fue lo que pasó... Se sintió ofendida cuando vio a Alex bailar tres veces con Clarice – "Cla", como la llamaban sus amigas – , mientras que con ella y los demás solo había bailado unos instantes al inicio.

El sentimiento de frustración que visitó el corazón de Lina también visitó el de las otras siete "hadas."

Clarice, alegre y coqueta por haber sido cortejada por la estrella de televisión, estaba aun más bella, si eso fuera posible.

Durante un descanso de la orquesta, cuando las chicas fueron al baño a retocarse el maquillaje, hubiera sido mejor que Clarice se hubiera quedado con su familia... Porque, al verla irradiar felicidad, los compañeros que la envidiaban no lo hicieron. No lo ocultaba. Turmalina, creyéndose tener la autoridad y el derecho - "¿no era ella la "reina de las hadas?" - para reprender a tal sujeto, le advirtió:

- Hola Cla, que cosa más fea estás haciendo...

- ¿Yo? Bueno, Lina... no tengo idea de qué es.

- No actúes como una santa: no eres dueño de él...

- ¿De quién estás hablando?

Catalina, una de las debutantes, apoyó a la reina:

- Mira, Cla, no es justo que monopolices a Alex. Le pagamos con dinero de todas nosotras para que estuviera con todas las "hadas" y no contrajera dengue con una sola.

- ¡Dios mío! No estoy monopolizando a nadie. Si me invita a bailar ¿qué quieres que haga? ¿Darle la espalda y decirle que vaya a buscar a alguien más?

- No es eso. Si fueras nuestra verdadera amiga ya le habrías dicho que esta exclusividad no es buena.

Clarice miró atentamente a sus colegas, una por una, y se dio cuenta que, en efecto, estaban extremadamente celosas de ella. Ante esta situación, se exacerbó desde lo más profundo de su alma el peligroso sentimiento de vanidad, cuya especialidad es construir pedestales y tronos sobre arenas movedizas.

Clarice, en ese momento, estaba muy por encima de sus amigas y con manifiesto orgullo las desafió:

- Si creen que Alex ya es mío, ¿por qué no intentan robármelo?

Las chicas apenas podían creer lo que acababan de oír. El desafío de Clarice, para todas, era insoportable. Allí, en apenas unos segundos, las amigas y Clarice – o mejor dicho, la envidia, de la mano de la vanidad – vieron estallar la amistad que habían cultivado durante meses. Más de meses: hace años...

Clarice, con aire desafiante, los dejó, saliendo con pose victoriosa, la barbilla alta, forzando su pecho exageradamente por delante del resto de su cuerpo.

Eva se dirigió a sus amigas:

– ¿Vieron eso?

– Sí, ya vimos – respondió Turmalina, y agregó – , ¿qué vamos a hacer?

– Nosotras nada: ¡tú! – La regañó Eva, añadiendo – , como nuestra reina y como hija del alcalde, que fue quien contrató a Alex, dile a tu padre que llame su atención...

Sus amigas apoyaron la opinión de Eva.

Sintiéndose toda una reina, además de "la más bella de todas", Turmalina aceptó lo que le proponían sus amigas. Buscó a su padre:

– Papá, quiero pedirte un favor....

– ¡Lo que pidas, lo cumpliré, mi bella reina!– Aquí está la cuestión: mis amigos quieren que le digas a Alex que baile con todas, no solo con Cla...

– Oh, oh, oh... esto podría ser confuso...

– Ya está hecho: si no haces nada, ni siquiera sé qué pasará, pronto, pronto...

El alcalde sabía perfectamente de qué era capaz su hija: rebelde, sin aceptar nunca ser desafiada, vivía rebelada, maldiciendo el "destino que la había encerrado en ese pequeño pueblo inútil." Por mucho que él y Elenise intentaran complacerla, más insatisfecho se sentía él.

Felício, temeroso de algo desagradable, se preguntó para sus adentros: "Pero aquí, en público, ¿cómo puedo acercarme al ilustre paraninfo y pedirle que preste más atención a las otras "hadas"? Si dependiera de mi poder político, lo haría. "Incluso encontrar una manera, presionando a la persona adecuada en el momento adecuado. Pero ahora, delante de todos, ¿qué puedo hacer?"

Pensó durante unos minutos, sin encontrar respuesta a ninguna de sus preguntas. Sabía que en cualquier momento Lina podría "comenzar" a hacer problemas. De repente, hizo clic: "¿Cómo es que no se me ocurrió esto de inmediato? Pero claro: no soy inspector, soy el dueño de este evento. Tengo asistentes y este servicio es para un nivel inferior."

El "escalón inferior", en este caso, era Tom. Iba a llamarlo, pero...

Cuando la orquesta tocó los primeros acordes de la composición romántica *La Laguna Dormida*, un ligero temblor recorrió a las debutantes, todas ellas, esperando bailar con Alex. Pero para que eso suceda, necesitaría elegir quién sería su socio. Las jóvenes, sin poder ocultar sus sentimientos, lo miraron, sentado en la mesa privada, con dos profesionales del equipo de televisión que lo asesoraban.

Sin saberlo, la orquesta rindió homenaje a La Laguna de las Ranas, existente en esa ciudad. Los presentes aplaudieron.

El cantante de la orquesta, en tono romántico, dijo:

– Cayó la noche, salió la luna, en la tranquila laguna...

Varias parejas salieron bailando.

Alex, como si ni siquiera estuviera allí, estaba bebiendo y hablando con sus asistentes. Las "hadas", con gran pesar, fueron invitadas por los chicos y no pudieron negarse a unirse a ellos en el baile. Siete de ellas ya estaban bailando: solo Lina y Clarice no habían sido invitadas, ni por los chicos, ni por los familiares, ni por nadie.

En cuanto a Clarice, lo cierto es que los chicos al verla derretida por el galán televisivo decidieron boicotearla; es decir, en un pacto no celebrado conscientemente, ninguno de ellos la sacaría a bailar esa noche.

Con Turmalina había otro motivo: considerada pedante por quienes la conocían, especialmente sus compañeros de colegio, ellos, sin disfraz alguno, para vengarse, aceptaron dejarla "calentando la silla." La venganza, en este caso, se debió a que Turmalina siempre estaba maldiciendo a ese pequeño pueblo sin nada interesante, incluidos los chicos...Por lo tanto, excluyendo el primer baile, el baile de apertura y otros, con su padre, su abuelo y Tom, Turmalina no había sido invitada por ningún muchacho.

Clarice, a su pesar, pronto estuvo bailando con un primo.

Algunos jóvenes, ya bajo los efectos de la bebida, habiendo perdido el sentido de las buenas maneras – ¿las perdieron o nunca las poseyeron...? – pasaron cerca de la mesa de Turmalina, con gestos descorteses, mostrando su desprecio. Tales gestos solo deberían haber sido notados por la víctima; es decir, por Turmalina, pero eso no fue lo que sucedió. El abuelo de Lina, "derretido" por su única nieta, captó el insulto que un chico silencioso le había infligido; fingió no verlo, pero estuvo atento para confirmarlo. Y el mismo muchacho, después de recorrer la habitación, al pasar cerca, volvió a burlarse de ella.

Turmalina, tan humillada como irritada, vio a Alex beber sin parar y tomó una decisión que rompió violentamente todo protocolo, como para demostrar a los chicos cuánto los despreciaba. Contrariamente a la arraigada costumbre del caballero de elegir con qué dama bailar, se levantó y sin dudarlo se dirigió a la mesa de la segunda estrella de la noche, por ser ella la primera. Se dirigió a Alex:

– Ey...

Él ni siquiera la escuchó. Luego le dio una palmada en el hombro:

– Hola, Alex...

Un tanto sorprendido, el galán se giró y la miró sin entusiasmo:

– ¿Sí?

– ¿No vas a bailar?

Sorprendido por la tentadora pregunta, incluso como profesional que era, sintió una gran molestia que no pudo disimular. El alcohol, que ya había invadido parcialmente su cerebro, le había robado el control, su actitud profesional y su educación – en cuanto a esto último, repetimos la pregunta: ¿lo tenía para que se lo robaran?

Turmalina, recién ahora dándose cuenta del absurdo que estaba cometiendo, empezó a sentir mariposas en el estómago. Temblando, de repente se dio cuenta del ridículo en el que se había convertido. Al borde de la humillación, vio cómo se traspasaba ese límite: el insólito suceso fue presenciado por varias personas, cuya atención se centró permanentemente en el joven galán. Y es más: varias "hadas", si no todas, al ver a Turmalina delante de la mesa del paraninfo, se animaron a bailar cerca. No tenían intención de hacerlo, o mejor dicho, no podían perderse ni un solo movimiento.

En unos momentos todas las parejas, bailando sin gusto, solo miraron ese punto: el punto de intersección de la latitud Lina, longitud Alex...

Avergonzado, Alex tartamudeó a Turmalina:

– ¿Estás bien, niña?

Que la llamen niña... Una ofensa mayor no podría haber sido dirigida a Turmalina.

Ahora, sin control alguno, con las emociones en ebullición, logró aun así formular un juicio íntimo: "¿Quién se cree que es? ¿El presidente del mundo? En lugar de invitarme a bailar, me llama niña. Está borracho y me pregunta "si estoy bien..." Apoyada en este pensamiento, dijo:

– ¿Le pagaron por beber?

La pregunta de la joven, directa, cruel, demostraba que quería su atención. Las personas que estaban cerca inmediatamente se lo transmitieron a quienes no habían escuchado el ataque de Turmalina a Alex. En cuestión de segundos, toda la sala ya sabía lo que estaba pasando.

Los torpedos actúan sumergidos, ocultos, anónimos, silenciosos. Cuando te enteras de ellos, normalmente ya es demasiado tarde. Entonces, a Turmalina le gustaría que se produjera su diálogo. Pero, como sus palabras fueron pronunciadas casi a gritos, ya parecían un misil, debidamente matizado en cuanto a origen y motivación: la ira, por no haber sido más pareja de Alex.

Alex, con poco tiempo para esa insólita situación, con mucho malestar, intentó superar la crisis, con clase:

– Si la reina ordena, obedezco...

Se puso de pie, sin apenas equilibrio y ya tenía a Turmalina en brazos cuando Ana Cláudia, una de las "hadas", sin freno alguno en su revuelta interior, también fuerte y claramente se burló:

– ¿Reina de qué? ¿De quién?

Avergonzada, la estrella de televisión fue diplomático:

– Hasta donde yo sé, ella es la reina de las debutantes...

– Estás loco – se indignó Ana Cláudia, reprendiéndole –. ¿La miraste bien? ¿Sabes siquiera su nombre?

Alex, con Lina ya en brazos, a punto de dar los primeros pasos del baile con ella, la dejó. La situación se había vuelto embarazosa para todos. Ana Cláudia y su pareja se alejaron, pero ahora fue Catarina quien provocó nueva confusión:

– Te estaba escuchando... ¿puedo saber si viniste aquí a bailar con todas nosotras, las debutantes?

– Por supuesto que sí – respondió Alex. Catarina atacó–. Entonces ¿por qué no has dejado de beber y hasta ahora solo has bailado con Clarice?

– Mire señorita, soy profesional, mi contrato dice que debo bailar al menos una vez con cada una de las debutantes y eso fue exactamente lo que hice. A partir de entonces, ¿con quién bailo o con qué frecuencia bailo, no importa quién sea, así como cuánto bebo, son mis problemas.

– No eres más que un grosero...

Lina, hasta entonces parcialmente excluida del contexto belicoso que ella misma había iniciado, ahora con odio en los ojos, dirigido a las dos compañeras, cuya intrusión la había obligado a abandonar los brazos de Alex, le dijo a Catarina:

– ¿Por qué no te ocupas de tus asuntos y nos dejas en paz?

– ¡Ah, qué romántico! La "bestia" defendiendo a la "bella..."

Tras la maliciosa inversión de los personajes centrales del cuento infantil "La Bella y la Bestia", Lina perdió de una vez por todas el último vestigio de control que le quedaba y abofeteó a su amiga.

El misil detonó y a partir de entonces se desató el caos: Catalina, furiosa, atacó a la "reina de las hadas" y peleó con ella, en un combate donde lo que más se vio fue que le arrancaban el cabello y le arrancaban la ropa en pedazos.

Alex, lejos ahora de su compromiso profesional, actuando por instinto protector, además de sentirse corresponsable de aquella triste escena, se abalanzó hacia las dos luchadoras, para separarlas, ya que estaban enfrascados en una extraña pelea.

Milton, el novio de Catarina que bailaba con ella, estaba bastante borracho, aprovechó la situación y cuando pudo le dio una bofetada a Lina. Alex, que se esforzaba por poner fin a la pelea, ante la cobardía que había presenciado, a su vez abofeteó al chico, que cayó al suelo sobre una mesa cercana. Cuando cayó, Milton derribó todo lo que había sobre la mesa, salpicando bebidas a quienes estaban sentados a su alrededor e incluso golpeando a otras personas cercanas. Alguien pronunció una fuerte palabrota, recibiendo un puñetazo en la cara, sin que nadie supiera quién había maldecido y menos de dónde había salido el puñetazo.

La lucha, que era entre unos pocos, pronto se volvió entre muchos y en un momento se convirtió en una lucha de casi todos, generalizándose.

La orquesta, impasible a pesar del revuelo, continuó con los suaves acordes de *La Laguna Dormida*.

Si no fuera todo tan triste, hasta se podría bromear y decir que ni siquiera el ruido despertó a la laguna; sin embargo, a lo lejos, de cara al cielo estrellado, la tranquila laguna de la ciudad fue escenario de un ir y venir sin fin de insectos y animales nocturnos. El croar repetitivo de las ranas y el chirrido de los grillos demostraban que la vida superficial allí era más intensa durante la noche y que solo los peces dormían en el fondo de las plácidas aguas.

En el pasillo, de repente, se escuchó un disparo y un grito de dolor. Como por arte de magia, o como en una película de ficción, prácticamente todos se quedaron helados. Los habitantes de aquel pequeño pueblo, aun no contaminado por la violencia de los grandes centros urbanos, se asustaron ante la abrupta realidad: allí, en aquel ambiente de alegría, alguien había disparado a alguien y tal vez a la muerte, el invitado más seguro de la vida, pero como siempre lo menos esperado quién sabe, ¿habría venido a la fiesta...?

Estupor generalizado.

La orquesta quedó instantánea y completamente en silencio, como si poderosos relámpagos y truenos hubieran despertado la laguna, poniendo fin a la música...

Todos querían saber quién había disparado... ¿Y a quién?

Un segundo grito, éste de terror, de Lina, respondió a la última pregunta: ¡Alex! Ambos gritos, de hecho, dividieron la noche en dos mitades, una formada por tantos sueños individuales combinados y la otra, por una pesadilla colectiva.

El impecable traje formal del paraninfo estaba empapado de sangre, creando un conmovedor contraste entre el blanco y el rojo. Lina fue la primera en romper la inercia colectiva: se arrojó sobre Alex, que yacía inmóvil. Levantó suavemente su cabeza inerte y luego exclamó entre lágrimas:

– ¡Dios mío! ¡Está muerto!

2. La Conciencia es una Brújula

Los efectos dañinos del alcohol en el cerebro han sido responsables de innumerables tragedias. Allí, era solo uno más, de esa triste, inmensa y por ahora infinita lista. Sí, por ahora, porque llegará el momento en que el hombre tomará conciencia de cuán irrespetuoso es para con el Creador caracterizar erróneamente los bienes naturales, como la bendita caña de azúcar, el nutritivo maíz, los granos de malta o cebada, las flores femeninas del lúpulo, así como multitud de cultivos frutales.

Preguntamos: ¿por qué Dios puso estas bendiciones en el mundo y tanta variedad de frutos? Que todo esto sea sometido a una alquimia equivocada, transformándose en caldos fermentados o destilados –¿bebidas alcohólicas...? Respondamos con sentido común.

Para ayudarnos con la respuesta, busquemos en nuestra memoria recuerdos de lo que hemos visto sucederle a las personas borrachas... sus trabajos... sus familias... su salud... la sociedad misma...

Milton, cuando Alex lo abofeteó, delante de todos, rodó por el suelo y no pudo soportar la humillación. De pie, Alex lo miró, en guardia ante cualquier posible represalia. De hecho, la idea de venganza de Milton se le ocurrió con venganza, incluso antes de desplomarse. Al ser ayudado por un tío, quien le tendió la mano, vio un revólver en su cintura y, como un felino, se apoderó del arma. Aun acostado, sin ningún cuidado, apuntó a Alex y disparó. Usó el arma que le pareció providencial, pues Alex era mucho más fuerte que él. Todo esto no tomó más que unos pocos segundos.

El alcalde, como surgiendo de ese mar confuso, se hizo cargo, o al menos intentó tomar el control de la situación:

– Déjenme pasar... déjenme pasar...

Al ver a su hija llorando, con sangre en las manos y a Alex tirado inerte, con una herida en el pecho, agarró a su hija:

– Lina, hija mía, ¿qué pasó? ¿Que estás sintiendo? ¿Estás lastimada?

Sin poder hablar, Lina se limitó a tartamudear:

– Yo... estoy bien... Pero él... – señaló a Alex y dijo –, ... ¡él está muerto!

– ¡Un médico! ¡Doctor Mario, Doctor Mario! Que alguien vaya a llamarlo, muy urgentemente – ordenó el alcalde.

– "Extremadamente urgente" fue siempre una expresión que Felício utilizaba cuando quería demostrar poder.

No hace falta decir que la fiesta terminó ahí.

Con Lina en estado de shock, sus padres abandonaron el club y la llevaron a casa en el coche oficial, conducido por Tom. Tom, muy servil, servil, invocando el derecho que le concedía la amistad recíproca con la "familia número uno del municipio", insistió en conducir el coche, "en aquel momento de gran dolor." Al que le gustó esto fue al chofer del alcalde que, habiendo sido despedido, se fue temprano a su casa... En el camino, preocupada por no saber exactamente cómo habían sucedido las cosas, Elenise le preguntó a su hija:

– Por Dios, Lina, ¿qué hiciste? – Felício intervino:

– Este no es el momento de pelear. Mañana arreglaremos...

"Vamos a proveer mañana" era una actitud típica de quien, con la autoridad de ocupar algún cargo, político o no, juega con el tiempo, transfiriendo – o excluyendo – responsabilidades.

De hecho, el alcalde no podía faltar al lugar de los tristes hechos, pues al ver que su hija no estaba herida, solo conmocionada mentalmente, su madre se haría cargo de ella. Y él, como máxima autoridad de la ciudad, tendría que llegar a un acuerdo para calmar la situación. Pero no fue eso lo que hizo: con la excusa de atender a su hija, abandonó apresuradamente el baile.

Lina, en una reacción inesperada, agarró las manos de su padre y casi sin abrir la boca, con los dientes apretados, susurró:

– ¡Lo maté! ¡Lo maté!

Elenise casi sufre un ataque de nervios:

– No digas tonterías. Felício reforzó:

– Lina, mi hija: la persona que le disparó a Alex fue ese loco, Milton.

– Pero fue mi culpa, papá.

– ¿Cómo así?

– ¡Eso mismo! Si no hubiera estado ahí en su mesa, nada de esto hubiera pasado... solo quería que bailara conmigo...

– Realmente no tienes sentido – Elenise volvió a amonestar a su hija, comentando: imagínate haber ido a sacar a bailar a ese actor... Esta gente no sirve... ¿O crees que él...?

Felício intercedió justificando:

– No sigas, Nise – así trataba a su mujer – , el muchacho estaba atento a Lina.

– No pierdes la oportunidad de estar en mi contra, ¿verdad, Felício?

– No estoy en contra tuya, estoy del lado de la verdad...

– ¡Para con eso! – Lina gritó a todo pulmón. El fatídico sonido todavía resonaba en su oído.

El grito fue tan agudo que hizo que Tom casi perdiera el volante y aunque la joven se dirigía hacia sus padres, el hablante, ahora conductor, frenó enérgicamente el vehículo.

Felício lo reprendió:

– ¿Que es eso? ¿Quién te dijo que pararas? – Tom estaba a punto de responder cuando Lina intervino:

– Te dije que dejaras de discutir...

Avergonzado, Tom puso el coche en marcha. Lina le ordenó:

– ¡Vaya directo a la Santa Casa!

Tom miró a Felício esperando que el jefe aprobara el pedido, o no. El alcalde, desconcertado, miró a su hija y luego a Elenise. Fue ésta quien habló más fuerte, elevándose sobre ambos y disipando sus dudas:

– Nada de eso: no sería bueno aparecer allí en estos momentos, especialmente si el muchacho realmente murió...

– ¡Madre! Ahora ya no me mandas más... ¡Soy un adulto!

Lina basó su mayoría en el hecho que había debutado...

– ¿Ah, sí? ¿Y desde cuándo una mocosa como tú es adulta? Eres una tonta, sí.

Volviéndose hacia Tom, Elenise ordenó:

– ¡Para casa!

– ¡Quiero vomitar! – advirtió Lina retorciéndose.

– Detén el auto – ordenó Felício a Tom.

Tom obedeció e incluso salió del auto, se dio vuelta y amablemente abrió la puerta para que Lina pudiera salir también y no ensuciar el interior del vehículo. Él la ayudó cortésmente, dándole la mano.

Pero tan pronto como salió del coche, Lina emprendió una carrera loca. La verdad es que no sentía ninguna molestia, simplemente se le había ocurrido una estratagema para no volver a casa, sino ir a la Santa Casa a ver a Alex.

Angustiado, sin saber qué hacer, Tom miró a Felício, quien reaccionó de inmediato. Él, el alcalde, tomó el volante y aceleró el coche hacia su hija. Tom se quedó en medio de la calle...

Felício alcanzó y adelantó a Lina, que no había recorrido ni dos cuadras y estaba casi sin aliento. Detuvo el vehículo, se bajó y parándose frente a ella, amenazadoramente, determinó:

– Entra ahora mismo, de lo contrario...

– Puede que hasta me mate, pero primero voy a ver a Alex. Soy responsable del disparo que le quitó la vida.

Elenise, que también había bajado, fue tajante:

– Si murió, ¿por qué quieres ir allí?

– No lo sé, mamá, no lo sé. Solo sé que necesito verlo... una última vez... – Tom, que también había venido corriendo detrás del coche, llegó y, para ser agradable, planteó una hipótesis positiva:

– ¿Realmente murió?

La pregunta funcionó como si un rayo hubiera caído en la mente de esas personas, reemplazando la certeza por la duda en un alboroto. Felício se dirigió a su hija:

– Dime una cosa: ¿quién dijo que Alex murió? – La madre dijo sarcásticamente:

– Tal vez simplemente se desmayó, más por lo que bebió que por el tiempo...

Lina, de repente, ante la esperanza que invadía su alma, experimentó una sensación de comodidad suprema. Pensó: "¡Así es! De hecho, no sé si Alex está muerto. Quizás esté vivo."

Navegando por la prosperidad de su intención de ser útil al jefe, Tom, que los había contactado, respondió a su pregunta:

– Así es: nadie sabía con certeza si el muchacho había muerto, el Doctor Mário, por teléfono, ordenó que no tocaran al chico y que pronto llegaría al club para recibir primeros auxilios y de allí se llevaría al herido a Santa Casa, donde podría ayudarle en todo lo que pudiera.

– Como máxima autoridad de esta ciudad, realmente necesito – decidió Felício, para felicidad de Lina – , conocer el estado de Alex. Vamos a la Santa Casa.

Cuando llegaron, Lina se bajó y sin detenerse, casi corriendo, pasó por recepción y se dirigió al quirófano. Sus padres la siguieron, nerviosos. Ni el guardia nocturno ni el celador, ambos de servicio, se atrevieron a detener la invasión de la "familia real" – como trataban en broma al alcalde y su familia dentro de las murallas.

A través de la ventana de la puerta del centro quirúrgico, Lina miró hacia adentro. Estaba poco iluminado, no había nadie allí.

Esta vez, un torpedo mental desencadenado por la incertidumbre la golpeó en el cerebro: "¿Murió? Si no está aquí... es porque no había nada que hacer..."

Más tranquilos, Felício y Elenise envolvieron a su hija en un abrazo cariñoso y, arrepentidos de su dolor, trataron de animarla:

– Lina, Lina – le dijo su madre – estás cometiendo un gran error al considerarte culpable de...

Estaba avergonzada y no pudo terminar. Lina así lo hizo:

– ... de su muerte, ¿verdad mamá?

– No es eso lo que tu madre quiso decir – dijo Felício, y agregó – , lo que queremos es que dejes de sentirte como un criminal. ¿Cómo se te ocurrió algo así para molestarnos?

– Entonces... ¿esto es lo que ustedes dos están sintiendo? ¿Molestia? ¿Y que yo soy la causa?

Felício todavía quería arreglarlo:

– Eso no es lo que quise decir. Estás poniendo palabras en mi boca y eso no es ético.

– ¿Principio moral? ¿Vienes a hablarme de ética en un momento como este? Papá, papá: no estás en una plataforma, yo no soy tu votante, solo tengo quince años, ¿recuerdas? Así que deja de tratarme como si fuera un elector.

– No le hables así a tu padre – intervino Elenise.

– ¿Es cierto que yo también te estoy molestando?

– Así es. A mí y a tu padre. Te está comportando como una niña. Lo que pasó ya pasó y ahora no tiene sentido martirizarse y discutir así.

Felício intentó esclarecer los hechos de manera concluyente:

– Por última vez, te lo repito, hija mía: tú no tienes la culpa de lo sucedido; no le disparaste a Alex: ¡no eres una asesina!

Los pocos empleados de turno, avergonzados, presenciaron aquella dura conversación familiar, a la que el alcalde, tras su veredicto final, considerándose dueño de la situación, decretó:

– Volvamos a casa.

– Vayan ustedes dos – dijo Lina, y agregó – . Me quedaré aquí hasta que llegue Alex.

Con la intención de darle una lección a su hija, Felício ordenó a una auxiliar de enfermería:

– Alaíde: dile a Tom que ya nos vamos.

La mujer se confundió, ya que el auto oficial, con el líder ceremonial al volante, estaba en la entrada y el motor estaba en marcha.

Al darse cuenta de la ridiculez de haber dado órdenes innecesarias, Felício refunfuñó y salió del interior de la Santa Casa, donde estaba acompañado de su esposa. Subieron al auto y se fueron.

Al verse sin sus padres, sola con el personal, que ni siquiera pestañeó, sorprendidos por todo, fue solo entonces que Lina se dio cuenta que hacía frío. De repente, tomó conciencia que no tenía nada que hacer allí, en ese ambiente hospitalario, que con el movimiento de pacientes, visitantes, enfermeras y médicos de aquí para allá, es una cosa; sin embargo, a esa hora, temprano en la mañana, el "espíritu" era casi fantasmal.

Lina se sentía sola en el mundo.

Quería llorar, pero las lágrimas se le escaparon.

Los pensamientos turbulentos le causaron una peligrosa congestión mental, lo que provocó temblores crecientes.

Alaíde, captando el clima emocional de la joven, cuyos síntomas presagiaban un breve estallido de shock, la consoló quitándose el abrigo que llevaba y ofreciéndoselo:

– Ponte este jersey de lana para no resfriarte, si aun no te has resfriado. Te prepararé un té caliente.

Lina, sin ninguna reacción, con los ojos vidriosos, dejó que su blusa la rodeara con sus brazos. Alaíde también sugirió:

– No es bueno quedarse aquí, sola. Estoy segura que el Doctor Felício vendrá a recogerte, porque cuando se va, solo quería darte un pequeño susto.

Al darse cuenta que la joven estaba ahora en estado de shock, a Alaíde se le ocurrió orar. Para ello la invitó:

– ¿Vamos a la capilla? Allí las paredes están revestidas de madera y por eso no hace tanto frío como aquí.

La Capilla a la que se refiere Alaíde había sido fundada en la Santa Casa hacía más de cincuenta años. Lina no había estado allí en años...

Alaíde llevó a Lina a la Capilla, donde encendió los dos candelabros que proporcionaban una iluminación tenue pero colorida en el interior. Unos cuantos pequeños bancos de madera decoraban el espacio, acogedor pero estrecho. Alaíde acomodó a Lina en el asiento delantero y, al darse cuenta que necesitaba urgentemente asistencia espiritual, tomó una decisión caritativa: darle un pase a la joven, aunque sabía que allí, aunque era un ambiente para la oración, no era necesariamente la mejor opción. Entonces, puso su mano derecha sobre su cabeza, cerró los ojos y murmuró con fe: "Amigo Jesús, bendice a nuestra hermanita Lina."

De hecho, Alaíde aplicó a Lina una beneficiosa asistencia de fluidoterapia, en forma de pase – transfusión de energías magnéticas y espirituales – , sin que la persona atendida lo supiera. Señalando que la oración de Alaíde había sido respondida por Dios y al mismo tiempo demostrando la fuerza de la fe y la pura caridad, Lina se sintió un poco revitalizada, saliendo de su estado de shock.

Asidua y puntual frecuentadora del único Centro Espírita de la ciudad, fue allí donde, cuando estaba en el sagrado ejercicio mediúmnico de la curación – facultad que ella poseía –, Alaíde atendió a más pacientes que en la Santa Casa, cuando estaba en la práctica profesional de enfermería. .

Al ver a la joven más equilibrada, Alaíde recomendó:

– Quédate aquí unos minutos y espérame porque volveré pronto con té, para protegernos del frío.

Hay un pasaje de Jesús que explica perfectamente lo que pasó allí, en la Capilla: fue cuando el Maestro animó a sus discípulos, prometiéndoles que donde dos o tres se reunieran en su nombre, allí estaría Él; en este caso, Jesús no especificó una dirección para tal reunión de fe.

Ahora bien, Alaíde y Lina, de hecho, no formaron "un encuentro"; sin embargo, no siempre, incluso con los ojos bien abiertos, vemos todo lo que tenemos delante...

Sin ningún subterfugio y con gran decoro, Hyppolite Léon Denizar Rivail (1804- 1869), reconocido pedagogo francés que bajo el seudónimo de Allan Kardec codificó la Doctrina de los Espíritus, Espiritismo, registrado en *"El Libro de los Espíritus"*, en la pregunta número 459, que los espíritus influyen en nuestros pensamientos y acciones mucho más de lo que imaginamos, al punto que, casi siempre, son ellos quienes nos dirigen.

Hoy en día, a ningún cristiano dedicado al estudio del Evangelio de Jesús ya se le ocurre interpretar "al pie de la letra" los textos del Nuevo Testamento. Estos cristianos saben que al utilizar las parábolas Jesús dejó sus enseñanzas para la eternidad, basta con que de ellas se descarten los radicalismos interpretativos, dando paso a la razón y a la lógica. Por ejemplo: en este caso de la presencia de Jesús junto a "dos o tres reunidos bajo su bendición", no sería falta de respeto, ni mucho menos perjurio, aceptar que los representantes del Maestro, en sintonía con el Bien y el Amor al prójimo, asistan bajo inspiración y en su nombre, Jesús, a todas las súplicas que se le dirigen.

En otro ejemplo, una persona sola en oración sincera pidiendo algo para sí o para los demás ya será respondida según su mérito, sin necesidad que llame a una o dos personas más para completar el "quórum" textual bíblico. Sobre todo porque, si quienes oran creen en ángeles en general, o en ángeles guardianes en particular, o en espíritus protectores, o "guías", se creerá que uno o más se acercan y con aquel alguien en quien hermanan pensamientos y fe. Dios. Si se combina con la razón, la fe exalta esta comprensión y no hay nada que dudar. El amanecer siempre tiene un impacto psíquico en todo aquel que, por una razón u otra, se ve abrazado por él. El confort de un hogar, la seguridad de la compañía familiar, la temperatura agradable de la ropa de cama, la suavidad de un colchón... todo esto, cada noche, es una bendición poco apreciada por muchos.

Pájaros en nidos o posados en ramas frondosas; roedores en pequeños agujeros; lobos en guaridas; leones, tigres y jaguares, en agazapados; murciélagos en las cuevas; muchos peces en los refugios o inquilinos libres de barcos hundidos, o en formaciones de guijarros... en definitiva, prácticamente toda la naturaleza descansa casi toda la noche, como prescindiendo del Sol durante unas horas.

El ser humano, desde su ingreso a la racionalidad – originario de los reinos inferiores – , observó la naturaleza y la copió. ¡Han estado haciendo esto hasta el día de hoy! Sí: todos los inventos humanos, en realidad, son una pálida copia de lo que siempre ha existido en la naturaleza, que es un regalo, no ha registrado ninguna patente ni cobra derechos de autor. Al contrario: cada vez más la vida, que es "empresaria" de la naturaleza, como su portavoz misericordiosa, anima al hombre a imitarla.

Por tanto, seguir la naturaleza significa seguir los caminos trazados por Dios.

Lejos de casa, en las primeras horas de la mañana, Lina se sentía como un náufrago perdido en alta mar o un beduino, aislado en el desierto: soledad... soledad... soledad... Soledad, con la soledad por compañía. Y cada vez llega más soledad. Y con ello, la desesperación, la angustia, el miedo.

El consuelo de la fluidoterapia que le había brindado Alaíde evitó que la mente de la joven se desorganizara por completo.

Aun sin poder poner en orden sus ideas, miró una pequeña imagen frente a él: Nuestra Señora del Rosario. Al mismo tiempo recordó parcialmente sus clases de catequesis, donde había aprendido que la Madre de Jesús – allí representada – , en una de sus apariciones, hace muchos siglos, llevaba un collar hecho de muchas cuentas, compuesto por quince misterios y que, pues este llegó a tener esta otra designación, entre muchas otras.

Ante este recuerdo, su cerebro se tranquilizó y su mente, como un rayo, dirigió un pensamiento a Jesús, en forma de súplica afligida: "¡Oh, Jesús mío, salva a Alex!"

Sin poder explicarlo, se sintió muy tranquila. Y esta calma le hizo pensar: "Jesús... ¿Está aquí el Hijo de Dios para escuchar a Alaíde? ¿O a mí...?"

Consciente que la muerte, efectivamente, acechaba, queriendo o "ya teniendo" a Alex, intuyó que nada en el mundo podría evitar semejante tragedia. Pero, de los recuerdos lejanos y un tanto imprecisos del Catecismo, dejados de lado durante su adolescencia, Lina recordó uno: aquel en el que Jesús tomó a Lázaro de los brazos de la muerte. "Solo Jesús – había dicho el sacerdote – podía realizar tal milagro."

De repente, Lina se dio cuenta que solo Jesús podía salvar a Alex. Se arrodilló. En este gesto olvidado, miró la pequeña imagen del Santo y rezó: "Santa Madre, pide a tu hijo que salve a Alex...."

Sorprendentemente: la Capilla se llenó de una suave luz de color zafiro, que desde la hornacina se superponía a la tenue iluminación de los candelabros pintados de rosa.

La paz, la calma y el equilibrio visitaron el alma de Lina.

Animada, sabiendo inconscientemente que era "escuchada" por Nuestra Señora del Rosario, se entregó a un momento inesperado de devoción, desarchivando de su mente desconocida la fe que reposaba en su memoria profunda. Pensó que sería una ingratitud no dirigirse directamente a Jesús y añadió una segunda oración: "Jesús, Jesús: si tu Santísima Madre puede, pídele que permita al Señor devolverle la vida a Alex." Había hecho esto porque imaginaba que sus oraciones solo serían contestadas si hacía ambas peticiones, cruzadas...

El bien, expresado en sentimiento puro – como en ese momento – no grada valores, estableciendo una jerarquía entre tal o cual destinatario de tal o cual invocación. Las oraciones de Lina seguían el atavismo secular, nacido de la errónea costumbre actual de los dogmas que ven en el Purísimo Espíritu de María un super valor moral en relación con su hijo. Hubo asistencia divina dada la intención sincera y caritativa de las oraciones, llenas de sencillez, aunque erróneamente priorizando los valores espirituales., procedimientos actuales y determinar los procedimientos para lo que solicitó – como quien pide a una madre que autorice a su hijo médico a realizar un examen a un paciente.

De hecho, en el mismo momento Alex entró en la Santa Casa, acompañado por el Doctor Mário y varias personas.

Cuando recibió el disparo, la estrella de televisión perdió mucha sangre y se desmayó. Las personas, siguiendo las órdenes del médico, no se lo movieron, solo colocaron un algodón sobre la herida, con la esperanza de detener el sangrado. Pronto llegó el Doctor Mário y, brindando atención inmediata, ordenó que el paciente fuera trasladado a la Santa Casa.

Llevado al quirófano, el Dr. Mário se preparó para recibir atención de emergencia. Se alegró de saber que Alaíde estaba de servicio. De hecho, cuando Alaíde dejó a Lina en la Capilla, sonó el teléfono y contestó la enfermera: era el Doctor Mário informándole que estaba por llegar con un paciente gravemente herido y por eso le pedía que preparara el centro quirúrgico. Alaíde rápidamente cumplió con la orden y fue a preparar té para Lina. Cuando el té estuvo listo llegó Alex y Alaíde informó al Doctor Mário:

– Estaré a tu disposición en un momento. Solo voy a llevar este té a la Capilla para la hija del alcalde, que no se encuentra muy bien.

Alaíde, de hecho, había permanecido en oración desde que atendió a Lina. Cruzó el patio, a esa hora en absoluto silencio. Al acercarse a la Capilla, desde afuera se sorprendió un poco al ver mayor luz en el interior, en un tono azul...

La Luna, allá arriba, muy serena...

Una estrella juguetona, como si fuera confeti de colores arrojado a la inmensidad celestial por el soplo del Creador Supremo, cambió de dirección a una velocidad vertiginosa, dejando tras de sí un rastro rojo.

Alaíde, imaginando que se trataba de una "señal", solo una "señal", conjeturó: "Hay espíritus buenos por aquí..."

Cuando llegó a la puerta de la Capilla estaba preocupado porque no veía a Lina, donde la había dejado hacía unos minutos. Pensó: "¿Se fue?" Al mirar más de cerca el interior de la Capilla, la taza casi se le cae de la mano, causándole uno de los mayores sustos que cualquiera pueda tener: vio a Lina flotando en el aire, arrodillada en el vacío, a aproximadamente un metro y medio de altura. ¡Casi cara a cara con la diminuta imagen de Nuestra Señora del Rosario! ¡La joven no tenía apoyo alguno y estaba inmóvil!

– Lina...

Aun inmóvil, en la misma posición y con los ojos cerrados, la joven comenzó a perder altura y en unos segundos, suavemente, estaba arrodillada al nivel del suelo, con los ojos cerrados. La luz azul comenzó a desaparecer, dando paso a la tradicional y tenue iluminación rosa.

Alaíde, temblando, se acercó a la joven y le preguntó:

– ¡¿Cómo... cómo llegaste hasta ahí?!

Al abrir los ojos, Lina le tuvo un poco de miedo a Alaíde y, sin entender lo que estaba pasando, preguntó:

– ¿Yo? Allá arriba, ¿dónde? ¿De qué estás hablando?

Alaíde comprendió de inmediato que Lina no se había dado cuenta del formidable suceso. Con mucho cuidado, midiendo cada palabra, disimuló:

– Tenía la impresión de que flotabas en el aire... pero ahora me doy cuenta de que era una ilusión óptica, porque como aquí hay poca iluminación, los apliques no dejan una buena vista a quienes vienen desde recepción, donde luz es fuerte.

En el fondo, Alaíde sabía que no se había equivocado: Lina realmente había estado en el aire, aunque sin ser consciente de ello. Esta certeza se vio respaldada aun más cuando Lina comentó:

– Extraño... extraño... Estaba en oración y de repente me pareció que dormía... Me desperté contigo llamándome.

– Cuando... te quedaste dormida... ¿recuerdas algún "sueño"?

– Sí: vagamente, recuerdo que comencé a levantarme del suelo, muy lentamente, como una pluma... y casi rocé mi rostro con el de Nuestra Señora del Rosario...

– Bueno, bebe este té y hablaremos más de esto más adelante – Solo después que Lina bebió el té, Alaíde informó:

– Llegó... Lo trajo el Doctor Mário y actualmente lo está atendiendo.

– ¡¡¡Alex!!! ¿Como está él? Es...

– ... Desmayado. Necesito irme, porque el Doctor Mário me necesita. Solo vine aquí para traerte té. Tengo que irme.

Apenas había terminado de decir esto cuando el guardia nocturno de la Santa Casa entró en la Capilla y, después de santiguarse, preguntó a Alaíde:

– Doña Alaíde, el Doctor Mário la llama para ayudar en la cirugía que está por realizarle al chico que recibió un disparo y que se siente muy enfermo. Escuché al médico decir que hay que operarlo urgentemente.

Alaíde le dio una pequeña caricia a Lina y salió rápidamente de la Capilla.

Una vez más sola en la Capilla, Lina se sintió fortalecida. Se acordó de Dios y sin darse cuenta, ahora tenía una certeza: ¡Alex sería salvo! Ante esta confianza, su corazón juvenil ensoñó y se encontró abrazándolo con ternura, siendo correspondido. En este abrazo imaginario y sin palabras, ella y Alex confesaron su amor recíproco. Saber que él la amaba era algo maravilloso, un sentimiento que la calentaba "hasta el alma."

De este éxtasis romántico de unos minutos la arrancó una enérgica llamada de su padre, quien a la entrada de la Capilla le dijo:

– ¡Hija! ¿Qué haces aquí, sola? Vamos a casa. Tu madre está angustiada y no puedo perdonarme por dejarla quedarse aquí, con este frío...

– "¿Frío? – pensó Lina – ¿cómo siente papá frío cuando hace tanto calor?"

Felício había traído una blusa de lana que acabó sin usarse porque Lina, abrigada con la que le había prestado Alaíde, no quiso ponérsela.

Su padre la abrazó afectuosamente y la condujo hasta el coche, tranquilizándola:

– El chico está siendo operado y lo más pronto posible el Doctor Mário llamará a casa informándonos del resultado de la cirugía. Por eso, hija mía, no tiene sentido quedarse aquí. Vamos.

Acogida bajo la protección paterna, Lina, haciendo gala de una calma extraordinaria, abandonó la Santa Casa. Al llegar a casa decidió quedarse despierta, junto al teléfono. Sin embargo, el sueño la venció y la llevaron a la cama. Era más del mediodía cuando despertó. Al ver la hora, saltó de la cama:

– ¡Mami! ¡Mami!

Elenise le respondió muy tranquilamente:

– Cariño, dormiste mucho, ¿eh?

– Mamá, Alex... ¿Cómo está?

– Fuera de peligro.

– ¡Gracias a Dios! Voy a darme una ducha e ir a visitarlo.

– Eso no será posible, querida...

– ¡¿Por qué?!

– Porque vino un helicóptero desde la Capital y se lo llevó.

– Pero eso no podía pasar... ¡No podía irse sin que yo lo viera primero!

– Bueno, cariño, ahora todo está en paz y se acabó la pesadilla.

– ¡Deja de llamarme "cariño"! Odio el tono que usas cuando me tratas así. Y no entiendo cómo puedes ser tan insensible. Nunca me perdonaré si no hablo con él, al menos para disculparme.

– Turmalina, piénsalo: es famoso, guapo, donde van muchas chicas y se excitan, pero su manager le aconseja bien que no se meta con ninguna. Las trata con amabilidad, sus modales son educados, pero sin cariño sincero y siempre con estudiado encanto.

– No quiero saber nada de esto. No todos los días está hablando con una chica y le disparan, lo que podría matarlo, o tal vez incluso matarlo. ¡Esa chica era yo, mamá! ¡Yo! Y no los cientos o miles de fans, no sé, a los que te refieres.

– Razón de más para que te mantengas alejada de él, ya que hay una investigación policial abierta y habrá muchas complicaciones para todos nosotros...

– ¿Qué quieres decir con eso?

– Exactamente lo que escuchaste: siendo menor de edad e hija del alcalde, no te pasará nada, pero Milton...

– Ese matón rudo... casi mata a Alex... Por mi culpa...

– Hasta ahora no entiendo muy bien lo que pasó...– Repito lo que ya dije: cuando vi que Alex no bailaba con nadie, fui a hablar con él y entonces intervino Milton, me abofeteó y Alex me defendió dándole una bofetada. Cuando Milton cayó, tomó el revólver de su tío y le disparó a Alex. Eso fue lo que pasó.

– ¿Y de qué tuviste que ir a hablar con Alex?

– Es que...

– ¡Di la verdad!

– ... Quería bailar con él una vez más. Es tan bueno sentir el calor de su cuerpo, tan fragante, tan atractivo...

– ¡Dios mío! ¡Una más! Una más que se enamoró de él, entre miles.

En ese momento llegó Felício de la calle, acompañado por el jefe de policía, que había venido para atender el triste incidente.

– Papá, ¿realmente se fue?

– Así fue, hija mía. El Doctor Mário realizó una buena operación, pero Alex necesita permanecer en una UCI – Unidad de Cuidados Intensivos – por unos días, algo que nuestra Santa Casa aun no tiene.

– ¿Estaba… consciente? ¿Preguntó... por alguien?

– No puedo decir eso. Pero hablemos del incidente, porque el Comisario Silveira tuvo la amabilidad de venir aquí.

Lina narró lo sucedido y el jefe de policía, al salir, tranquilizó a la familia:

– Lina y Alex son víctimas. Ya escuché a algunos testigos y no habrá dificultades para que la Justicia actúe.

En la mente de Lina solo había una idea: saber qué pensaba Alex sobre todo eso y sobre todo qué pensaba de ella.

3. Amar Sin Ser Amado

- ¿Quién en la vida no ha experimentado alguna vez la angustia de amar sin ser amado?

Por la tarde, Daniel fue a la casa del alcalde. Iba con el corazón ardiente, reflejo de las llamas de la realidad que consumían en su alma las esperanzas de su infeliz amor por Lina. Ir a su casa fue uno de esos arrebatos que solo visitan corazones perdidamente enamorados, al punto de perder la razón y la calma. De hecho, no tenía idea de lo que podría pasar. Solo sabía una cosa: si no veía a Lina, después de aquella tormenta que provocó en el baile, él, que no tenía nada que ver con el caso, sería la mayor víctima, ya que "no sobreviviría" al sufrimiento de su amada criatura. Entonces, imaginando su sufrimiento, sufrió más con las dificultades para ayudarla.

De esta manera, las intenciones del chico eran buenas... "Cuánto amor para darle a Lina y ella está tan lejos de mi vida", pensó en agonía.

Otros pensamientos vagos intentaron, sin éxito, despertar su razón, demostrando el sinsentido de aquella visita: "El alcalde es tan rico y tú eres pobre"; "Lina tiene más cultura que tú"; "Nadie de esa familia nunca te dijo nada, aparte de dar órdenes de atenderlos, allá en el Club."

Sin embargo, la mayor angustia, la que más lo atormentaba, era la duda de si ella tenía "otro" amor...

El amor hirviendo en el pecho de Daniel expulsó todos estos pensamientos, permitiendo que solo un proyecto echara raíces en su mente: "¡Ver a Lina!"

La casa tenía un timbre pero Daniel no estaba seguro si aplaudir. No hizo ni una cosa ni la otra. Dio la vuelta

Aceleró el paso para que nadie pudiera verlo salir del área. Tenía miedo, no sabía qué. Solo tenía miedo de ser ridiculizado, hecho al que no pudo resistir, pues imaginaba que era mejor amar sin ser amado que amar y ser despreciado.

Se alejó rápidamente y aun no había recorrido una cuadra cuando un pensamiento repentino golpeó su razón: "Si el presente me permite apoyar a Lina, ¿tal vez esto sea una señal de nuestro futuro, el mío y el de ella?" Ni siquiera pensó más: volvió a darse la vuelta y casi corrió y llegó a la casa del alcalde. Tocó el timbre y aplaudió. Felício le respondió:

– ¿Si?

Ese "si" supo a "no." Sintió que el recibimiento fue tan frío como el hielo que había oído decir sirvió de boina a la Tierra...

– Yo, yo...

– ¿Si?

Ese otro "si" fue aun más frío. Un repentino y enorme arrepentimiento se apoderó de él. Pero ahora ya era demasiado tarde. No había posibilidad de volver atrás. Y tampoco pude avanzar. Estático, no sabía qué hacer. Indeciso, su cerebro hizo poco para ayudarlo, haciéndolo decir palabras inconexas:

– Yo... estaba de paso y por lo de ayer pensé en ayudar...

– ¿No eres tú el chico del club?

– Sí– respondió y pensó – . "¡Vaya!, al menos se acuerda de mí; pero ¿será posible que de la boca de este hombre solo salga hielo?"

– Entonces di lo que quieras. ¿Viniste a traer un mensaje de un amigo mío, ofreciéndome solidaridad?

– No señor, no vine a traer ningún mensaje...

– ¡¿?!

"Definitivamente – pensó Daniel –, este alcalde no tiene corazón en el pecho. Así es: debe tener una mini congeladora." Bastante confundido, intentó explicar el motivo de su visita:

– Vine porque pensé que Lina... Es que ella anoche...

Ante la mirada molesta de Felício, el muchacho se atragantó, como un vehículo cuya transmisión se bloquea definitivamente, sin avanzar ni retroceder. El alcalde lo regañó:

– ¡¿Mi hija?! ¿Qué quieres con ella? – Él mismo respondió:

– Lo sé, algo debe haber perdido en el baile y tú viniste a devolverlo, ¿no es así? Ahora lo recuerdo: eres el de limpieza del club.

Daniel pensó: "cada vez más hielo, más frío...." – Él dijo:

– No, no señor, no vine a traer nada, es solo que anoche, durante ese lío, tuve miedo que Lina saliera lastimada.

– Gracias muchas gracias. Ella no resultó herida. Ahora, discúlpeme.

Dicho esto Felício cerró la puerta, sin siquiera despedirse de Daniel quien, muy arrepentido de haber hecho el ridículo, se fue completamente destrozado.

– ¿Quién era? – Le preguntó Lina a su padre.

– El limpiador del club.

– ¿Y a qué vino aquí?

– A traerme el bolígrafo que olvidé anoche en nuestra mesa, en el club.

– Papá, quiero pedirte un gran favor: llama al hospital donde está Alex... necesito saber cómo está.

– Eso voy a hacer, de hecho, como alcalde realmente es mi deber mostrar celo y cuidado con todo lo que sucede en mi ciudad.

Después de algunas llamadas telefónicas, acompañado con entusiasmo por Lina, Felício logró hablar con el médico de guardia en el hospital donde Alex estaba ingresado. A través de la extensión telefónica, Lina escuchó al médico decir:

– Todavía no tenemos una opinión definitiva sobre el paciente y su estado es sumamente grave. Mañana, cuando hayan transcurrido treinta y seis horas desde el incidente, el cirujano jefe y los otros dos médicos que atienden al paciente emitirán un parte médico a la prensa. Otra cosa, señor alcalde: salude por nosotros al médico de su ciudad, que hizo un buen trabajo con el herido, por lo demás...

Cuando Felício colgó el teléfono, se sorprendió al ver la mirada perdida de su hija. La envolvió en un abrazo amoroso y la sintió temblar. Él la consoló:

– Si Dios quiere, mejorará.

– ¡Quiero ir a ese hospital y estar a su lado!

– De ninguna manera, hija mía, de ninguna manera. No hay nada que puedas hacer allí. ¡Nada! Ni allí ni aquí...

– Sí, lo hay – exclamó Elenise, que había salido de la ducha a tiempo de comprender parte de lo que estaba pasando. Y añadió, en tono confiado – . En cualquier situación difícil, siempre hay una cosa que puedes y debes hacer: ¡orar! ¡Buscar a Dios! ¡Buscar a Jesús! En el caso de Alex, ¡nada más! Solo busca ayuda del cielo.

Ante la negativa de sus padres, Lina respondió:

– Voy a rezar allí en la Capilla de la Santa Casa y aprovecharé para devolverle la blusa a Alaíde.

– Está bien, hija mía – dijo Felício, ofreciéndose – , vamos a llevarte allí ahora mismo. Pero dime: ¿desde cuándo te interesaste por las oraciones? Desde pequeña nunca volviste a entrar a la Capilla y aun cuando te llevamos...

– Sí, ahora me gusta estar allí.

Cuando llegaron a la Santa Casa, Lina les dijo a sus padres que quería estar sola en la Capilla. Ellos le respondieron. Estaban esperando que terminaran las oraciones de su hija cuando llegó el Doctor Mário y les dijo:

– ¡Pues vives! Fui a visitarte y tu criada me dijo que habías venido aquí. Quiero ver a Lina porque Alaíde me dijo que estaba en estado de shock. ¿Dónde está "nuestra reina de las hadas"? ¿La trajiste a consulta?

– Gracias, Doctor Mário, pero hubo otra razón por la que vinimos: Lina quería orar en la Capilla, donde se encuentra ahora.

– Oh Dios. Me diste un susto.

– ¿Por qué no vas allí, a la Capilla? Ella no quiere que la veamos orando, pero estamos seguros que le gustará verlo, conocer detalles sobre la atención brindada al joven baleado. De hecho, ella realmente necesita un consejo tuyo sobre lo que pasó, ya que quiere ir a la Capital para estar con ese paciente suyo... Por cierto, el médico del hospital de allí en la Capital elogió tu trabajo. El interior de la Capilla estaba envuelto en una oscuridad, aliviada únicamente por un pequeño vitral con un dibujo de Nuestra Señora del Rosario, Patrona de esa ciudad. Debajo de las vidrieras, una pequeña cruz iluminada. Junto a ella, la hornacina que albergaba la imagen del Santo.

Arrodillándose, Lina permaneció inmóvil, en profunda contrición. Había llegado pensando en Dios, pero pronto solo pudo pensar en Alex... Mantuvo su mente fija en el actor herido, reviviendo las escenas de cada segundo desde la tragedia.

– Lina – murmuró el Doctor Mário.

Absorta en mil reflexiones, todas dirigidas a Alex, la joven no escuchó. El médico se acercó y le tocó el hombro.

– ¡Doctor Mário!

– Sí, Lina, yo también vine aquí a orar y estoy feliz de encontrarte.

– Alex... ¿él...?

– Ten la seguridad, hija mía, que estará bien, si Dios quiere.

– Pero hace un rato papá llamó al hospital y dijeron que está en la UCI y que no será hasta mañana...

– Hija, hija: ¿dónde estamos? ¿Qué hacemos aquí?

Diciendo estas palabras, el Doctor Mário miró toda la Capilla.

Lina bajó la cabeza avergonzada. Tartamudeó:

– Tengo miedo... que muera.

Lágrimas calientes rodaron por el rostro de la joven.

– Dios es Padre y vela por todos Sus hijos – dijo el médico, continuando – , es cierto que la muerte duele a los que quedan, duele mucho, pero debemos recordar que obedece a la ingeniería de Vida. El mundo es un gran hogar y cada uno de nosotros es parte de la gran familia que es la Humanidad. Los que van delante de nosotros solo se van primero, pero un día en el futuro, lejano o cercano, el Creador nos reunirá a todos, en una gran celebración de los corazones.

Hizo una pausa y concluyó:

– Pero te puedo asegurar, niña mía, que ese chico estará bien. Primero porque está muy sano, pero principalmente porque la herida, aunque le provocó mucha pérdida de sangre, no fue mortal y fue tratado rápidamente. Confía en mí. Pero, sobre todo, ¡confía en Dios!

Lina lo abrazó tierna y agradecida. El médico se fue.

La joven sumergiendo su alma en oraciones por la salvación de Alex.

Mientras Lina tardaba en salir de la Capilla, Felício, impaciente, interrogó a Elenise:

– ¿Por qué tiene tanto por qué orar nuestra hija?

– Cálmate, querida. Ella sabe lo que hace. Nos pidió que la dejáramos en paz y eso es lo que estamos haciendo. Recuerda que el Doctor Mário fue allí y nos dijo que habló un rato con ella dejándola muy tranquila. Por lo tanto, mientras necesite quedarse allí, la esperaremos.

Tiempo después, cuando ya oscurecía, Felício ya no pudo esperar más. Decidió ir a buscar a su hija. En ese momento vio a Alaíde y le preguntó:

– Doña Alaíde, por favor vaya a la Capilla y vea por qué nuestra hija tarda tanto. Lleva allí más de dos horas.

- Buenas noches, Doctor Felício, buenas noches, doña Elenise. Con mucho gusto iré. De hecho vine aquí porque hace más de una hora comencé a pensar en Lina y una fuerza interior me hizo imaginar que ella estaba allí en la Capilla, por eso estoy aquí, por si puedo serles de alguna ayuda.

A Felício y a su esposa les resultaron bastante extrañas aquellas palabras...

Al llegar a la Capilla, justo en la entrada, Alaíde sintió una sensación placentera recorrer su cuerpo. Sensible y muy equilibrada, captó la implicación espiritual y el pensamiento de Jesús. Ingresó. Muy atenta esta vez, cuál fue su asombro al ver, por segunda vez, a Lina flotando en el aire[1], sin ningún apoyo. Como la mañana anterior, en la misma postura: de rodillas, con el rostro justo frente a la imagen de Nuestra Señora del Rosario.

Aunque estaba asustada por la inusual escena, no dijo nada. Se sentó en uno de los pequeños bancos y esperó en oración lo que sucedería.

Pensó en espíritus amigos y les pidió que ayudaran a aquella joven que estaba tan angustiada. Lo que vio, entonces, fue incomparablemente más fantástico que la propia levitación de Lina, la imagen se iluminó y de ella salieron rayos de luz dirigidos a la frente de la joven.

Alaíde pudo ver que Lina mantuvo los ojos cerrados, siendo bañada por esa luz que emitía la imagen, durante unos dos minutos. Luego, lentamente, empezó a perder altura, llegando a una posición normal.

---

[1] Levitación: Suspensión espontánea de los cuerpos, contraria en apariencia a la ley de la gravitación. Según el Espiritismo, es un fenómeno físico de orden natural, bajo la acción de los espíritus, utilizando sus propios fluidos, acoplados a los de un médium. Tal fenómeno puede depender o no de la voluntad de este médium, que casi siempre está inconsciente. Véase "*El Libro de los Médiums*", Capítulo II, núm. 16 (referido a las levitaciones de San Cupertino y del médium Daniel Dunglas Home) y también el Cap. IV, ítem 74, núms. VIII a XVIII. (Nota del editor).

Con sus emociones bajo control, Alaíde permaneció en oración de gratitud a Jesús por esa sublime manifestación. Tocó suavemente el hombro de Lina. La joven tardó un poco en despertar de su trance, pero pronto se dio vuelta y se alegró de ver a la enfermera:

– Hola Alaíde, me alegro que estés aquí...

– Sí, Lina, de vez en cuando vengo a rezar a esta Capilla. Con cierta cautela preguntó:

– ¿Sabes... qué pasó aquí contigo?

– ¡¿Conmigo?! Nada. Es decir, vine aquí a orar por Alex y terminé durmiendo... Interesante... igual que anoche...

– Entonces... ¿soñaste otra vez?

– Soñé. No entiendo qué me pasó aquí en la Capilla. Es la segunda vez que vengo a orar y termino durmiendo y soñando. El sueño de ahora era casi el mismo de ayer: comencé a flotar lentamente, pero hoy Nuestra Señora del Rosario vino hacia mí, también en el aire y sonriendo. Cuando sonreía, de sus ojos salían luces fuertes y en lugar de cegarme, me hicieron mucho bien.

– Entonces fue un buen sueño...

– Lo fue. De hecho, ambos sueños fueron buenos.

De repente, miró a Alaíde con gran alegría y añadió:

– Acabo de recordar algo. En este segundo sueño mío, alguien me llevó al hospital donde está Alex. ¡Lo vi, Alaíde! ¡Y él también me vio!

– ¡Que bien! Entonces imagino que estás más tranquila.

– En parte... Su vida aun corre riesgo... – Alaíde no dijo nada:

– Tus padres te están esperando en el vestíbulo. ¿Vamos?

– ¿Tan rápido? No llevo ni cinco minutos aquí...

Alaíde estaba un poco perturbada, pero pronto se recuperó:

– Tu reloj se ha parado... de hecho llevas aquí casi tres horas.

Lina no lo creyó y cuando se fueron, Felício la reprendió:

– ¡Hija mía, cuánto tardaste!

– ¡¿Yo?! Pero solo me quedé unos minutos en la Capilla.

Felício miró a Elenise, también un poco desorientado, pero rápidamente superó el impasse:

– Vamos a casa. Hablaremos más tarde.

A Lina le pareció extraño que ya fuera de noche, pues llegaría "en breve a la Santa Casa..." Feliz, les dijo a sus padres:

– Ni te imaginas lo que soñé allí en la Capilla...

– Dímelo, hija mía, dímelo – preguntó Elenise.

– Soñé que volaba al hospital donde está Alex.

– Genial – dijo Felício, deduciendo – , así te calmaste, ¿no?

– Cuando Alex me vio me sentí aun más feliz, porque yo no lo lastimé. Pero...

Felício no estuvo de acuerdo:

– Muy bien, muy bien. Así que ahora puedes volver a tu vida, a la escuela, a tus estudios y olvidarte de todo.

– De ninguna manera, papá. Solo cerraré este caso cuando conozca a Alex. Aunque está bien cuidado, su vida todavía corre peligro.

Completamente incrédulo lo que decía su hija, Felício se limitó a fingir:

– Pero, ¿no acabas de decir que ustedes dos se vieron recientemente y que usted no está lastimado? ¿Y entonces?

– Eso es cierto, pero resulta que necesita algo urgente...

Elenise dijo:

– Ahora, Lina, los sueños son sueños... No me digas que creías en eso...

– Sí lo creí, madre. Estoy seguro que Alex solo se salvará si recibe una cosa...

– ¿"Cosa"? – Interfirió Felício, irritado – . ¿Qué?

– Un medicamento, no lo sé.

- Bueno, bueno, hay todo lo que necesita en la Capital.

- No sé cómo explicarlo, pero estoy segura que le falta algo, medicina, cuidados, no lo sé…

- ¿Y puedo saber cómo lo sabes?

- Porque él me lo dijo.

- ¿En el sueño?

- Sí.

- ¡Dios mío! No soñaste: estabas delirando, Lina.

- Te prometo una cosa: si me equivoco, no volveré a repetir su nombre.

- Así se dice. Así me gusta mi Lina.

- Pero también me prometerás algo…

- Lo que sea, Lina, lo que sea...

- Muy bien: llama al hospital y pregunta cómo está.

- Pero... ya llamé... Y además, si a los médicos no les gusta dar información en persona, imagínate por teléfono.

Elenise intervino y propuso:

- Tu padre tiene razón. Pero tengo una idea: llamemos al Doctor Mário y pidámosle que llame al colega que atiende a Alex. Entre los médicos no hay reservas.

- Bien, mamá, hazlo, por favor.

Como el Doctor Mário todavía estaba allí, Felício le contó sobre el sueño de Lina, sobre Alex. Por amabilidad y haciéndole prometer a la joven que se calmaría de una vez por todas, en caso que se equivocara, el médico llamó allí mismo a su colega de la Capital. Cuando colgó el teléfono, el Doctor Mário estaba furioso. Miró largo rato a Lina y balbuceó:

- Alex ha empeorado... Necesita urgentemente una transfusión de sangre y el suministro del hospital se ha acabado. Contactaron con bancos de sangre y tampoco tienen. El tipo de sangre de Alex es O, RH negativo y, por lo tanto, solo puede recibir sangre de ese tipo.

Ahora fue Felício quien quedó impactado: primero, por confirmar el sueño de su hija, que era sencillamente increíble, inexplicable; en segundo lugar porque él, precisamente él, era portador de ese raro tipo de sangre.

Elenise, al ver al médico y a su marido algo perturbados, también se inquietó.

Lina, absolutamente tranquila.

– Mi sangre es de este tipo – murmuró Felício. Lina ni siquiera pensó en suplicar:

– ¡Padre, por amor de Dios, dona sangre para él! ¡Para mí, padre! Los tres, estáticos, miraban fijamente a Felício.

– ¡Sí, le donaré sangre!

Literalmente, Lina voló hacia su padre, cubriéndolo de besos. En el mismo momento, el Dr. Mário volvió a llamar al hospital donde estaba Alex y, en entendimiento con su colega, el Dr. Gérson, responsable del paciente, arregló con él que Felício fuera a la Capital lo más rápido posible.

A pesar de todas las objeciones, Lina siguió decidida a acompañar a su padre y al Doctor Mário. Ante la terquedad de Lina y la aceptación de sus padres de llevarla, ya que Elenise quería ir también, el Doctor Mário llamó a Alaíde para que los acompañara. Se llevó a la enfermera con él por prudencia, para que le pudiera ayudar en cualquier imprevisto, ya que aquella familia estaba muy agitada...

Felício ofreció el auto del alcalde, pero el Doctor Mário aconsejó que fueran en su auto, ya que Felício estaba agitado y, además, debía ahorrarse esfuerzos para la donación de sangre. Y además, pretendía llevarse a Alaíde, que completaba la capacidad del vehículo.

Y así, en menos de dos horas, los cinco ingresaron al hospital donde ingresó Alex, donde presentaciones breves y poco afectivas pusieron a los que llegaron cara a cara con sus padres: Adriano y Alessandra.

Por la expresión del Doctor Gérson, que les dio la bienvenida, los visitantes comprendieron inmediatamente que las cosas no iban bien...

Para confirmar la sensación, el Doctor Mário preguntó:

– ¿Cómo está "nuestro" paciente? Con cierta cautela, como actúan todos los médicos ante casos graves, el Doctor Gérson se limitó a comentar:

– Teniendo la mejor atención; sin embargo, la condición sigue siendo grave...

Nadie podría decir nada más.

La autoridad de los dos médicos fue una barrera pródiga para evitar insultos que vivían convulsionados en el corazón de los padres de Alex, que consideraban a Turmalina la única responsable del grave problema de su hijo.

– ¿Vamos a la donación? – Preguntó el Dr. Gérson, mirando a Felício y al Dr. Mário, quienes al unísono respondieron "sí." Como casi todos intentaban acompañarlos, el Doctor

Gerson les explicó:

– Por favor, solo el donante y el Doctor Mário.

Elenise, Lina y Alaíde, impedidos de presenciar los procedimientos de transfusión médica, se dirigieron a la sala de espera, donde se instalaron.

Elenise, a los pocos momentos, al no querer estar en compañía de "esa pareja maleducada", pronto se levantó y le dijo a su hija que se iba a "despejar", saliendo de allí.

Los padres de Alex decidieron esperar a que regresaran los médicos y se instalaron allí.

En la mente de todos en ese grupo, los pensamientos danzaban a profusión, una mezcla de angustia, miedo, ira, expectativas...

En estos momentos siempre hay una inversión de la cuenta del tiempo, ya que los minutos se convierten en horas, ya que cada espera sitúa a la persona en el nivel donde, paradójicamente, se aceleran los pensamientos que parecen ralentizar las manecillas del reloj.

De hecho, todos vivimos esperando:

- madre, hijo nacido,
- los padres, el niño crece, tal vez se va y regresa,
- el maestro, enseña y los estudiantes aprenden,
- el alumno, aprende y aprueba,
- el estudiante de Medicina, ser médico, curar,
- los enfermos, sanar,
- el novio, la llegada de quien ama,
- el subordinado, la promoción
- el viajero, viajar,
- el vendedor, vender,
- el deudor, pagar,
- el trabajador, al final de la jornada, para regresar a su casa y al final de la semana para descansar; el fin de año, por vacaciones y el fin del ciclo profesional por jubilación.

Pero de todas las esperas, la mayor es la del Tiempo, esperando que uno a uno, todos los espíritus evolucionen y sean felices, porque al fin y al cabo, ¡tal es el destino sublime e inexorable para el cual Dios nos creó a todos!

En el Cielo, los ángeles esperan nuestra compañía. Hay tantas esperas en la Tierra y en el Cielo...

Son tantos que Dios, el Sublime Creador, decidió darnos la bendición magistral de la eternidad, para que todos, sin excepción, tuviéramos, como nosotros, todo el tiempo que queramos para merecer la felicidad con nuestro propio esfuerzo.

Al sellar las Leyes Morales en la conciencia de Sus hijos, el Padre dejó claro que podían lograr cualquier cosa para ser felices, siempre y cuando fuera bajo el sello del amor. Paralelamente, les concedió el derecho a elegir, para que todos nuestros proyectos de construcción tuvieran su aprobación, y los de destrucción, la desaprobación de la conciencia, como inspector infalible. Responsabilidad pura y simple, en definitiva.

Las iniciativas desafortunadas decididas por vigilancia o negligencia evangélica – falta de respeto a las Leyes del Bien – , corresponderían siempre, a cambio, a la reparación del daño causado a uno mismo y a los demás, expresando dicha compensación en pruebas y expiaciones.

En las esperas críticas de cada uno de los sesenta segundos del minuto, se forman y luego se desmoronan dos reflejos, de los cuales el más rápido, en el espíritu, tiene la velocidad del rayo, pero en el cerebro físico, la del trueno, provocando angustias sin fin... en almas sin el velo de la fe, en expectativas que pueden o no hacerse realidad.

Si hubiera fe, aunque fuera tan pesada como un grano de mostaza, según el consejo magistral de Jesús, que ejemplificó exhaustivamente, solo existiría esperanza en quienes esperan. Y eso no es un simple juego semántico o un artificio de concordancia gramatical, cuando no una postura de equilibrio existencial.

La esperanza es una virtud divina donada íntegramente a la Humanidad, traída por Jesús, como salvaguardia en los momentos de incertidumbre.

"La esperanza – decía un poeta – , es la única virtud que Dios no tiene, porque Él, omnisciente, tiene plena certeza del progreso moral de todos sus hijos. Y si hay plena certeza no hay necesidad de esperanza, que solo pertenece a alguien que no sabe si va a conseguir lo que quiere."

Solo un poeta puede alabar al Padre de esta forma un tanto complicada...

Cuando Felício fue a donar sangre, Alaíde captó el ambiente de hostilidad que se respiraba hacia Lina, proveniente de los padres de Alex, quienes la miraban con clara indignación. Intuyó que lo mejor sería sacarla de allí y por eso la invitó a dar un breve paseo.

Salieron de la sala de espera y caminaron por el hospital y pronto vieron una indicación: "Capilla." Fueron allí, entraron y se acomodaron, orando cada uno a su manera. Lina de repente se sintió somnolienta, experimentando una breve siesta, que Alaíde intuitivamente percibió como un trance...

Después de unos treinta minutos, una vez completada la transfusión de sangre, el Dr. Mário dejó que Felício se recuperara, recomendándole descansar diez o quince minutos, después de beber un vaso doble de deliciosa naranjada. Al llegar a la sala de espera, apenas Adriano lo vio, preguntó angustiado:

– Entonces Doctor, ¿cómo está mi hijo?

Alessandra, antes que el médico respondiera a la pregunta de su marido, añadió una pregunta más:

– Se pondrá bien, ¿no, Doctor? – Mirando a aquellos padres angustiados, el Doctor Mário los consoló:

– Por encima de la buena salud de Alex, por encima de la excelente atención médica que ha estado recibiendo, muy por encima, flotan los designios divinos. Hasta donde un simple médico pueda opinar, les cuento que en unos días su hijo estará en casa, restablecido y sin secuelas físicas, más que la cicatriz de la cirugía.

Haciendo una pausa prudente, añadió:

– No olvidemos que para nuestro paciente los cuidados tendrán que centrarse en la recuperación psicológica y espiritual...

Un tanto incomprendidos y hasta asustados, padre y madre interrogaron al médico, al unísono:

– ¡¿Cómo así?!

– Me refiero a los sentimientos que surgen del alma, en tales circunstancias. Dependiendo de los hechos ocurridos, de sus consecuencias y principalmente, que todo el proceso sea gestionado por la mente, o mejor dicho, por el espíritu, dirigiendo su comprensión y forjando conclusiones, cualquier cosa puede suceder.

Aun más en desacuerdo, Alessandra preguntó:

– ¿Qué es exactamente lo que intentas decirnos?

El médico, que estudiaba desde hacía algún tiempo el Espiritismo, añadió:

– Por mi experiencia en casos similares, afirmo que tanto la víctima, como especialmente sus familiares y amigos, deben excluir de su corazón cualquier revuelta que genere odio, venganza o incluso desprecio. En una crisis – en cualquier crisis – los agentes no actúan de forma aislada...

Ante el asombro que notó aumentar en la pareja, explicó:

– Hace más de dieciocho siglos el apóstol Pablo advirtió que *"vivimos rodeados de una nube de testigos."*[2] Bueno: esta es una de las verdades más grandes jamás pronunciadas y su comprensión nos lleva a la convicción que las almas de quienes ya partieron, muchas veces, pero siempre a través de sintonía vibratoria, están cercanas a sus familiares, conocidos o no. Cuanto más fuerte sea nuestro enfoque, mayor será nuestra decisión de realizar algo, bueno o malo, cuya intención es "común a ambos."

Alessandra interrumpió:

– Lo siento Doctor, pero no veo a dónde se dirige...

– Tomemos, por ejemplo, lo que le pasó a su hijo: estuvo tantas veces en fiestas y de repente, en una de ellas, le sobrevino una tragedia. Cabe preguntarse: si Dios es el Padre de la bondad suprema, ¿por qué permitió que esto sucediera? Alex, que yo sepa, no ofendió a nadie, no maltrató a nadie, estaba ahí a título profesional, siempre se mostró amable y educado, especialmente con las chicas... Y mientras tanto él, que entre todos los presentes debería ser el último en recibir alguna ofensa, aunque involucrado en la confusión, fue precisamente el único que resultó gravemente herido. ¿Por qué?

Adriano dijo:

– Sigo preguntándome eso. ¿Por qué mi hijo?

– Desde el punto de vista de la Justicia divina – la única perfecta, infalible– , solo podemos concluir que el dolor por el que

---

[2] Epístola a los Hebreos 12:1 (Nota del editor).

pasó Alex y el malestar que viene pasando solo puede ser algo así como el pago de una deuda...

El Doctor Mário, por su profesión, buscó el Espiritismo precisamente para comprender tantos dramas, tantas tragedias, tantas angustias, de las que fue testigo en su día a día. Él mismo vivió momentos atormentados en los que fue "derrotado por la muerte" en su trato hacia un amigo, "una persona sin maldad." Esto le trajo infelicidad, porque al sentimiento de pérdida se le sumó la duda sobre el significado de la vida, que solo la tristeza puso en la ventana de la existencia. Comentando a Alaíde su incomprensión de por qué la humanidad sufre, especialmente "con personas inocentes", la enfermera, con cautela y respeto, le ofreció un ejemplar del precioso libro *"El Evangelio según el Espiritismo"*, de Allan Kardec. Le recomendó leer, en primer lugar, el capítulo V Bienaventurados los Afligidos, especialmente el ítem Justicia de las aflicciones – causas actuales y causas anteriores.

Al día siguiente, el Doctor Mário, con una alegría sin precedentes, le dijo a Alaíde que en esa lectura había encontrado respuestas lógicas a las incertidumbres que llenaban su mente. Con los ojos llorosos, confesó: "¡Y pensar que terminé cuestionando la Bondad y la Justicia de Dios!...Y maldiciendo al destino..."

Los padres de Alex lo escuchaban con creciente interés, sobre todo porque la serenidad de aquel médico, que había atendido a su hijo en un momento crítico, les infundía un profundo sentimiento de confianza y gratitud. El médico continuó:

– Siempre que un hecho no pueda explicarse, sería prudente no emitir juicios, en este caso precipitados, descartándolos por insolubles. El ejercicio de la lógica, el razonamiento y la humildad tenderán a demostrarnos que nosotros, aunque criaturas inteligentes, todavía sabemos poco de las cosas de Dios.

– Vaya, Doctor Mário – dijo Alessandra – Tengo la impresión que quiere decirnos algo, pero exagera con sus palabras. Si me equivoco, perdóname. Sin embargo, si tengo razón, les pido que sean francos, más directos. Nuestro hijo casi muere, estamos asustados y temerosos...

– No, señora, no se equivoca: de hecho, en este momento comprendo su ansiedad. Lo que tengo para compartir contigo es algo tan simple y a la vez tan profundo, que lamento haber elegido mis palabras. ¿Has oído hablar alguna vez de la Ley de Causa y Efecto y de vidas sucesivas?

Adriano asumió la respuesta:

– Causa y efecto son conceptos en Física. Vidas sucesivas... de religiones reencarnacionistas.

– ¡Exactamente! Vayamos realmente a la Física: invirtiendo los conceptos, tendríamos que si yo, con mis propias manos, recojo un trozo de metal calentado a, digamos, 100°C, sin darme cuenta de este precalentamiento, seguramente me quemaré. Ampliando el ejemplo, si yo – siempre sin darme cuenta del antecedente – , al tocar un cable eléctrico pelado, conectado a la corriente eléctrica, recibiré una descarga.

En estos dos ejemplos podemos asegurar que el desconocimiento sobre el calor y la electricidad – las causas – perjudican – el efecto – , a la persona desprevenida. Ahora imagina que esto sucede varias veces... Bueno: la vida nos la da Dios, entonces es buena. Si sufrimos en ello, ¿quién tiene la culpa? ¿De Dios? ¡Nunca! ¿Nos daría vida para sufrir? Nuestras dificultades solo pueden originarse en nuestra falta de atención. Si apelamos ahora a la lógica, tendremos que todo consecuente trae, en su expresión, un antecedente.

– Entiendo vagamente a qué te refieres...

– Antes de cualquier conclusión, señor Adriano, le doy una pieza más importante en el montaje del proceso existencial, ahora a bordo de la razón: a partir de la premisa del amor del Padre, cómo aceptar que Él, siendo Justicia Perfecta, ¿permite el daño a personas inocentes?

Él mismo respondió, con énfasis:

– ¡No! ¡Dios no lo permitiría! Sumando los datos de la Física con los de la vida – expresión de Dios – , en el caso de Alex podemos inferir que sus tormentos actuales, que no ha provocado desde que nació, solo pueden ser errores de reequilibrio de un pasado que tiene que estar distante. Cuando digo distante, me refiero a otras vidas...

Inmersos en serias reflexiones, Adriano y Alessandra bajaron la mirada. Las palabras del Doctor Mário les revelaron un horizonte inmenso, que cada uno, a su manera, configuró en un abanico rebanado de pétalos infinitos.

El médico, apelando a la Física, a la lógica y a la razón, sin afectación alguna, al contrario, incluso con humildad, había inculcado en sus mentes conceptos a la vez simples y de inimaginable alcance filosófico. Estaba a punto de preguntar por Elenise, Lina y Alaíde cuando Felício, llegando después de un breve descanso, las interrumpió, de buen humor:

– ¿Que es lo que veo? Parece que todos están rezando... ¡Qué bueno!

Los padres de Alex vivieron en ese momento la sensación de estar en un caldero de emociones hirviendo: la angustia de su hijo en peligro, su ira contra Lina, a quien creían responsable por todo eso, y más que ira, odio, dirigido al "criminal" Milton. Sin embargo, aun más fuerte, al ver en Felício la salvación de Alex, el sincero agradecimiento por la donación de sangre anuló los sentimientos contra Lina y mitigó los relacionados con Milton. Felício preguntó:

– ¿Dónde están mi esposa y mi hija?

– Justo iba a buscarlas – respondió el Doctor Mário.

– ¡Entonces vamos! – invitó a Felício al médico.

– Alcalde... es decir, señor Felício – interrumpió Alessandra, acercándose a él –, ¿puedo... abrazarlo?

Sin esperar respuesta, la madre de Alex, entre lágrimas repentinas, abrazó al padre de Lina. Adriano también se acercó y le tendió las manos a Felício, en un saludo que contenía lágrimas que daban fe del agradecimiento que había en su alma.

Felício y el Doctor Mário fueron a buscar a Elenise, Lina y Alaíde. Al ver la flecha que indicaba "Capilla", Felício, por intuición, sugirió que se dirigieran allí. Cuando llegaron al umbral de la Capilla, en cuyo interior reinaba el silencio, vieron a Alaíde, en actitud de oración, con su mano derecha sobre la frente de Lina, quien parecía dormir, pues en ese momento notaron que la joven se estaba despertando, como saliendo de un trance. En este caso, trance mediúmnico inconsciente.

Los padres de Alex tuvieron tiempo de ver a Lina "despertar", ya que habían decidido despedirse de Felício y por eso fueron tras él.

Alaíde, al verlos, murmuró:

– ¡Alabado sea el Maestro Jesús! Lina... hace estas cosas de vez en cuando. Parece que su alma... se desconecta de tu cuerpo...

– Yo... estaba hablando con Alex – murmuró Lina, con tanta sencillez que desorientó a los cuatro que llegaron.

– ¿Ah, sí? – Preguntó Alessandra, un tanto irónicamente, y luego agregó – ¿de qué estaban hablando, si podemos saberlo?

– Alex me decía que tenía sed. Después me desperté – Adriano intervino:

– ¿Eso significa que la niña durmió y aun así molestó a mi hijo?

– No puedo explicar lo que sentí, solo sé que no iba a molestar a nadie… ¡Pero estoy segura que vi a Alex!

– ¿Y qué ley puede explicar esto? – se burló Alessandra.

– Una ley de Dios – intercedió el Dr. Mário, añadiendo – , debes saber que recién en nuestra ciudad supimos que Alex necesitaba sangre porque Lina tuvo un trance similar al que dice tener ahora...

Alaíde, respetuosa, intentó tranquilizarlos:

– No conocemos todas las leyes... Especialmente las de Dios... Palabras sencillas pero con profunda filosofía. Como tales, invariablemente colocan al hombre ante la sabiduría del gran escultor de la vida, que no existe para mostrar la pequeñez humana, sino más bien, la grandeza divina.

Molesta por esa conversación, Alessandra se dio vuelta y fue a la UCI para ver a su hijo y "probar" las mentiras de Lina. A través del visor vio a una enfermera dándole a su hijo un vaso de agua. Esperó a que la asistente saliera con el vaso vacío y le preguntó:

- ¿Cómo está mi hijo? ¿Respondió bien a la transfusión?
- ¡Muy bien! Necesita ver cómo ha recuperado su color.

Gentil, trató de complacer a la madre:

- Su hijo vuelve a estar guapo, tan guapo como siempre. Pronto volverá a aparecer en televisión dejando a las chicas muy emocionadas. En casa no nos perdimos ni un episodio de su novela.
- El agua que acaba de beber... ¿Había medicina?
- No señora, solo dijo que tenía mucha sed.
- ¿Acabo de decir que?
- De hecho... dijo que había visto a su lado a una joven... a quien le pidió agua... pero que ella se fue y no volvió con el agua que pidió...
- ¡Dios mío!
- No se asuste, señora: los pacientes, en momentos delicados como el que está pasando Alex, a veces llegan a delirar.

Alessandra se sorprendió. Estaba a punto de salir cuando se le ocurrió hacerle a la enfermera una última pregunta:

- ¿Recuerdas que mi hijo dijo cómo se llamaba esta chica a la que pidió agua?
- Ya que preguntaste, dijo que se llamaba Turmalina y me quedé con ese nombre porque proviene de una piedra preciosa que me gusta mucho.

Ante el asombro de la mujer, la enfermera contemporizó:

- Debe ser una de sus novias.

Mareada de repente, Alessandra fue apoyada por la enfermera para que no se cayera. Sin embargo, pronto se recuperó. Antes de salir de la UCI, a través del visor volvió a mirar a su hijo, que dormía plácidamente.

Se alejó sumergida en reflexiones y dudas: "En positivo: o Alex, o Lina, o esta enfermera, o yo, cada uno a nuestra manera, estamos siendo víctimas de un proceso delirante colectivo." Razonó: "Pero, ¿cómo puede ser: cuatro personas?"

Alessandra, confundida, se encontró con el grupo en el pasillo.

Sin ningún medio, Lina preguntó:

- ¿Estuviste con Alex allí en la UCI?

– Sí... – respondió Lina, también con prontitud.

Alessandra miró a la joven con un sentimiento extraño. En su opinión, los hechos no cuadraban. A menos que se estuviera volviendo loca, aquí estaba sucediendo algo extraordinario. Lina la alejó del peligroso reflejo de la locura, complementando su lacónica respuesta:

– ... en un sueño: soñé que iba a la UCI, era invisible para todos, excepto para Alex; hablé con él y me pidió agua.

– ¿De qué... exactamente... hablaste? – El momento se volvió tenso.

Todos notaron que una gran vergüenza se apoderó de Lina. Dos lágrimas solitarias brotaron espontáneamente, sin ningún movimiento en los ojos ni en el rostro, sacando a la luz el drama que sucedía en el alma de la joven. De hecho, al considerarse culpable de lo sucedido a Alex, Lina no había tenido ni un minuto de tranquilidad desde entonces.

4. Levitación

Alaíde, médium estudiosa y activa, comprendió que el estado psíquico de exacerbación había predispuesto a Lina al estallido de la mediumnidad de efectos físicos, hasta entonces latentes. La levitación constituyó una de varias posibles manifestaciones externas de esta mediumnidad.

El hecho que Lina "visitara" a Alex en el hospital, antes de la transfusión y de esta "otra visita", recientemente, cuando lo vio sediento, demostró claramente un segundo aspecto mediúmnico, llamado "despliegue semiinconsciente."

Quizás podamos inferir que el despliegue, en el caso de Lina, representó una variante de la levitación, si se nos permite expresarlo así. Esto se debe a que la levitación ya no ocurriría con la joven, y los desarrollos espirituales podrían multiplicarse, dependiendo de su libre albedrío...

Lina no era consciente de "cómo" su alma abandonó su cuerpo, pero sabía adónde había ido, con quién había hablado y de qué habían hablado, ella y ella lo habían visitado.

Desde la primera vez que vio a Lina levitar, Alaíde buscó estudiar las características de estas manifestaciones mediúmnicas, llegando a comprender algunas de ellas.

Con razón, buscó luz en las obras básicas - los cinco libros de Allan Kardec, que constituyen la llamada "Codificación del Espiritismo" - , comprobando:

- en cuanto a la levitación, estudió "*El Libro de los Médiums*", en la 2ª Parte, "De las Manifestaciones Espíritas", de los capítulos I al V y muy particularmente el nº 189 del Capítulo XVI, en la parte sobre los médiums de traducción y de suspensiones; - para comprender los "viajes" de Lina, fenómeno espírita llamado "despliegue", que estudió en *"El Libro de los Espíritus"* preguntas 413 a 415, complementando las reflexiones con el libro *"Obras Póstumas"* – que contiene notas de Allan Kardec, no publicadas en vida –, 1ª parte, núms. 24 a 28.

Considerando que ella misma sentía una sensación diferente, cada vez que Lina se encontraba en estos inusuales trances mediúmnicos, Alaíde intuía que sus fluidos, de alguna manera, eran utilizados en ellos por el plano espiritual.

No se molestó por eso. Al contrario, se sentía indirectamente responsable del equilibrio psíquico de la joven, que podía verse alterado si la levitación o el despliegue conducían al sensacionalismo.

Alaíde sabía muy bien cuán fortuito es el interés de muchas personas por el Espiritismo, si está motivado por la fenomenología. Y como tal es perjudicial para los médiums que se prestan a esto...

Entendió que la segunda vez que Lina levitó y no estaba, aun así había donado sus fluidos para la manifestación del fenómeno, ya que estaba distraída en casa y de repente empezó a pensar solo en la joven, sintiéndose obligada a dirigirse a la Capilla, lo cual hizo, donde la encontró levitando.

En los estudios mediúmnicos a los que asistió, aprendió que los médiums brindan su cooperación, a veces inconscientemente e incluso a distancia.

Ante las lágrimas y el silencio de Lina, las dos familias se sintieron mutuamente avergonzadas. Para Alessandra, las consecuencias desencadenadas por el problema que la joven había causado a su hijo no fueron suficientes, ahora que ella le está provocando delirios...

Los padres de Alex, aunque albergaban un odio sordo hacia Lina, también estaban agradecidos por la donación de sangre realizada por su padre.

Para aligerar el ambiente, el Doctor Mário invitó al grupo a ir al jardín. Ellos fueron. Al llegar, Alessandra, lívida, miró a Lina con una mirada penetrante, como buscando sondear el alma de aquella joven, a quien culpaba del accidente con su hijo.

Por otro lado, reflexionando sobre lo que había hablado con la enfermera de la UCI, se imaginaba si se encontraba frente a alguien "con poderes extraños…" alguien elegido por Dios…

Al verla tan pálida, su marido la ayudó:

– Cariño, ¿estás bien?

– Sí, sí… fui a ver a Alex…

– ¿Y cómo está?

– Durmiendo.

Acto seguido, el Dr. Gérson se acercó al grupo y, en tono alegre, informó:

– Nuestro Alex reaccionó bien a la transfusión y ahora su estado general ha pasado de "riesgo grave" a "en recuperación."

– ¡Gracias a Dios! – Dijeron casi todos al unísono.

El Doctor Mário decidió:

– Por mi parte, e imagino que para Alaíde también, el trabajo nos llama, en nuestra ciudad. Como Alex se encuentra bien, vuelvo a mis funciones y estoy tranquilo, confiando en Dios, seguro que nuestro paciente pronto se recuperará por completo.

– Volveré contigo – confirmó Alaíde.

Lina miró a sus padres, adivinando que estaban a punto de decir que ellos también regresarían. De manera casi imponente, destacó:

– "Nosotros" nos vamos a quedar aquí un día más.

Felício y Elenise se miraron un poco avergonzados. No queriendo exponer los desacuerdos familiares a los presentes, Elenise argumentó:

– Nuestra presencia es perfectamente innecesaria, sobre todo porque tu padre no pudo ayudar a Alex otra vez…

– Así es, hija mía – dijo Felício, complementando el razonamiento de su esposa – , lo que "podíamos" hacer, ya lo hicimos. Ahora le toca a Dios y a los médicos.

– Hay algo… – murmuró Lina – que necesito saber.

Si los demás ni siquiera sospechaban lo que podía ser, Alessandra captó lo que estaba pasando por la mente de Lina. Interviniendo en la conversación familiar, preguntó a la joven justificándose:

– Si se trata de ti y de mi hijo, ¿qué será?

Alessandra tenía razón. La intuición femenina, generalmente tan pródiga, una vez más no falló allí. En realidad, Lina tenía una pregunta candente en su corazón sobre Alex y ella. Ante la mirada inquisitiva de todos, Lina respondió:

– Quiero saber de Alex que no me guarda ningún rencor.

– ¡¿Ah, sí?! ¿Mi hijo casi muere por tu culpa y quieres que diga que le encantó todo lo que está pasando? O… ¿a quién le gustas? Por favor, niña, crece. Hablando por mí y tus padres, perdóname, creo que es una buena idea que regreses a tu ciudad y te quedes allí, con la seguridad que mi hijo nunca volverá a poner un pie en esa tierra.

Demostrando una fuerte personalidad y valentía, Lina respondió:

– Puedes "pensar" lo que quieras, pero mis padres están a cargo de mí. Hablaré con Alex al menos una vez más, te guste o no.

– ¿Me estas retando?

Elenise, hasta entonces pasiva, se acercó algo irritada y, frente a Alessandra, defendió a su hija:

– Mi hija no es maleducada, al contrario, es una joven muy educada y con buenos modales. Lo que le pasó a su hijo, de hecho, fue el resultado de las acciones de varias personas, incluido él mismo…

– Lo único que tienes que hacer es decir que él fue el culpable…

– Indirectamente culpable, sí. Nada de esto hubiera pasado si en lugar de beber sin parar hubiera estado bailando con las debutantes, quienes le pagaban por ello.

Esta verdad, contundente, dicha así, se volvió grosera, porque hasta entonces había estado velada por todo eso. Nadie lo había dicho, por respeto a la vida de Alex, que todavía corría grave riesgo. Elenise, al ver ofendida a su hija, la defendió, sacando a relucir lo que todos sabían, pero nadie tenía el valor de decir: Alex, el galán televisivo más célebre a nivel nacional, a pesar de su corta edad, ya demostraba ser alcohólico.

El silencio envolvió a todos.

La acusación de Elenise, aunque cierta, era grave.

Estas verdades sobre los chicos, cuando se exponen en público, duelen mucho en el corazón de los padres. Alguien dijo que "tres cosas nunca regresan: la piedra lanzada, el minuto que pasa y la palabra dicha...."

Cualquiera que pudiera ver el clima astral que se establecía en aquel grupo vería un verdadero cielo de nubes negras, con vientos silbantes, presagiando ciertamente una tormenta inminente. Casi a punto de iniciar una agresión física contra Elenise, que había expuesto a gritos el drama familiar, Alessandra se vio sorprendida por tal arrebato de ira, cuando llegó una enfermera que dijo:

– Chicos: la televisión está aquí y quiere hacer un reportaje sobre Alex, entrevistando a las dos familias...

Hay muchas caras de la vanidad, manifiestas o no. Allí estuvieron representadas al menos tres:

– la belleza, la primera, elogiada por los padres de Alex, respecto de su hijo, haciéndose eco de la voz general que es "el hombre más bello del mundo";

– la fortuna, la segunda, ya que Elenise, heredera de considerables bienes materiales, se consideraba importante por este motivo;

– poder, el de Felício, a través del cargo de alcalde.

La belleza y la fortuna son las pruebas humanas más difíciles, por eso las hacen posibles para sus poseedores. El poder que proviene del desempeño en política, nada menos... Estas tres condiciones llenan la vida cotidiana de ovaciones para sus poseedores, generando vanidad sobre vanidad.

Vanidad es la palabra menos pronunciada por los famosos – o aquellos que se consideran poderosos –, pero es la característica más presente en sus vidas. Prácticamente todos los que son celebrados por el mundo tienen en su vanidad uno de los virus psíquicos más contagiosos, que una vez albergado en la mente, anestesia sus posibles virtudes.

Mucha gente muy guapa, o gente muy rica, o políticos poderosos, creen que miden "tres metros"; es decir, ven a los demás desde arriba.

Nos parece que fue ayer cuando Eclesiastés [3] – "el predicador" – proclamó como filosofía de vida: vanidad... todo es vanidad, pero todo viene de la mano de Dios.

Adriano y Alessandra, en ese momento, vieron la oportunidad de descartar aun más la belleza de su hijo, recurriendo incluso al chantaje emocional, centrándose en el hecho que estaba lesionado, "debido al descontrol de la afición." Se olvidaron del enfado que Elenise había provocado.

Elenise, como siempre, pensó que su dinero le daría prioridad en la entrevista televisiva.

Felício, por su parte, que hasta hace unos días solo pensaba en la reelección, de repente sintió un destello en su mente, con la idea de un vuelo superior, cuyo impulso inicial le daría la televisión: convertirse en diputado estatal. Pensó: "Me verán en la televisión nacional...."

Cuando el equipo de televisión los invitó a la entrevista, los encontraron a todos "fraternos."

---

[3] Eclesiastés: Libro de Eclesiastés (del griego = "el predicador") es uno de los libros sapienciales del Antiguo Testamento – (Nota del editor)

Las rosas fragantes que daban una gracia inusitada al jardín, en permanente contraste con el olor a medicina, se sonrojaron aun más ante la inmediata amabilidad con la que los padres de Alex recibieron al equipo de televisión:

– Oh, gracias a Dios – exclamó Alessandra – . ¡Qué bueno que hayan llegado justo ahora, cuando mi marido y yo agradecíamos al Sr. Felício su generosidad al donar su preciosa sangre para salvar a nuestro hijo!

El periodista, famoso en todo el país, los saludó:

– Soy Andrade Silva y me gustaría hablar con todos sobre el problema de Alex, empezando por sus padres.

Alessandra dio un paso adelante y se arregló el cabello y la blusa, prácticamente decidida a ser la primera.

Demostrando "cuán educados fueron", Adriano y Felício, odiando en su corazón todo lo que le habían ofrecido a Alessandra, atropellándolos, como les hubiera gustado esa primacía, mostraron cortesía:

– Ah, claro – dijo Adriano – , primero las damas...

– Sí, sí – asintió Felício, disimulando su decepción.

Elenise tragó que "las damas" significaba "la dama"; es decir, Alessandra.

El reportero, ignorando la secuencia deseada por los entrevistados, organizó él mismo al grupo en círculo y dijo:

– Nuestra entrevista será colectiva y por eso todos participarán. Haré preguntas y pediré que las respuestas sean breves.

Luego, abrió la grabación anunciando dónde y con quién estaba, anunciando que el propósito sería un informe sobre Alex. Se dirigió a Adriano:

– El señor Adriano, el padre de Alex, nos contará cómo está el galán más querido de este país.

– Gracias a Dios, fuera de peligro...

Estaba a punto de decir algo, pero el periodista lo interrumpió, dirigiéndose a Alessandra:

– ¿Y cómo está el corazón de la madre de "nuestro" mayor ídolo?

– Señores espectadores – dijo Alessandra, con estudiado aire de suspenso – , mi hijo casi muere, por culpa de algunos irresponsables, pero afortunadamente, gracias al Dr. Gérson, ahora se está recuperando, en la UCI...

El camarógrafo, muy inteligente, filmó la mirada de asombro y de odio de Elenise dirigida a Alessandra.

El atajo del reportero:

– Bien, recuperándose.

Luego se dirigió al Dr. Mário:

– ¿Es cierto que Alex casi muere? ¿Cómo fue su primera atención médica?

– El "accidente" – respondió el Doctor Mário – , fue muy grave, pero tratamos al joven Alex para que estuviera fuera de peligro, hasta que lo trajeron aquí a la Capital.

En ese momento, Lina se dio cuenta que frente a las cámaras de televisión los entrevistados estaban como hipnotizados y consideró que esa, tal vez, era la única oportunidad de ver a Alex. Si estuviera en la UCI, seguramente no todos estarían presentes allí, a menos...

Aprovechando que el reporte estaba siendo "en vivo", abandonó el grupo imaginando que no la seguirían y se dirigió a la UCI. Al entrar le dijo al médico de guardia que vino a verla:

– La televisión viene aquí, para filmar a Alex... – El Doctor estaba algo confundido. Lina le dijo:

– La televisión está en el hospital para tomar imágenes rápidas de Alex. El Doctor Gérson autorizó que cuando se encendiera la televisión en la UCI, me quedara al lado de Alex durante diez segundos. Solo por diez segundos...

Entonces, efectivamente, estaba llegando el equipo de televisión...Al ver acercarse al reportero y al equipo de filmación, el médico le dijo a una enfermera auxiliar:

— Rápido, dale una máscara a esta joven.

Aunque allí había tres pacientes, además de Alex, Lina no tuvo la menor dificultad para acercarse a la cama en la que él estaba, como si ya hubiera estado allí... De hecho, en realidad había estado allí dos veces antes en desdoblamiento espiritual.

Y, algo increíble: en el momento en que Lina se acercó a la cama, en ese preciso momento, Alex, hasta entonces con los ojos cerrados, en un sueño profundo, abrió los ojos. ¡Y él la vio!

Era la primera vez que el joven actor se encontraba "cara a cara" con la debutante que le había gastado una broma tan amarga. En el aturdimiento de las cirugías, seguidas de medicamentos sedantes, la vio en sueños turbulentos. Pero ahora, allí, despertó de una vez por todas, su mente y su memoria con un sentido pleno del tiempo y el espacio: recordó lo sucedido y supo que estaba hospitalizado. Fue con sus ojos que expresó: "¡¿Tú?! ¡¿Aquí?!."

Sin ser molestada, como si fuera una profesional experimentada de la UCI, Lina murmuró:

— Alex: ¡perdóname!

Fue también a través de los ojos y de los movimientos enérgicos de la cabeza que el paciente respondió: "¡No, no y no!."

Rompiendo a llorar, Lina no escuchó al Doctor Gérson, extremadamente alterado, reprender al encargado de guardia y ordenar a una enfermera que sacara a la joven imprudente de la UCI.

El "camarógrafo" de televisión captó algunas escenas, que serían transmitidas próximamente, pues el reportaje hasta entonces realizado en el jardín y transmitido "en vivo", había terminado en cuanto notaron la ausencia de Lina, quien, de hecho, sería la protagonista entrevistada.

Los padres de Alex, perplejos y enojados, fueron groseros con Felício:

– ¡Se ve que su hija es verdaderamente irresponsable! – Elenise volvió a replicar en defensa de su hija:

– Eres un irresponsable y das un mal ejemplo para tu futuro hijo, ser una familia de alcohólicos...

Alessandra se dirigió al Dr. Gérson:

– Por favor, díganle a estos desconocidos que se vayan de aquí y, si es posible, que nunca más se acerquen a mi hijo.

Con autoridad propia de su carácter y función, el médico redujo los términos:

– No era lícito que la joven ingresara a la UCI, pero tampoco era un delito. Considerando que hay excitación que podría perjudicar a mi paciente, pido que todos abandonen este lugar y solo regresen con mi permiso.

Sumisos, obedecieron.

Acercándose a Alex, el Doctor Gérson lo consoló:

– Veo que has recuperado la conciencia y eso me alegra. El nerviosismo de la gente es normal, quieren lo mejor para ti, cada uno a su manera.

Alex asintió, moviendo los párpados.

– Mañana – le informó el Doctor Gérson – irás a un hermoso apartamento, después de los cuidados de hoy mientras aun estás aquí.

Alex sonrió.

Al llegar al vestíbulo del hospital, las dos parejas, el equipo de televisión y el Doctor Mário y Alaíde, tuvieron un momento de indecisión, sin saber qué hacer. En menos de diez segundos ese grupo había vivido las siguientes circunstancias:

– Adriano y Alessandra ni siquiera tenían intención de despedirse de los padres de Lina;

– Lina, amarga, lloró suavemente, con el alma retraída en una dolorosa soledad;

– Felício y Elenise, conscientes que su hija había actuado inapropiadamente, se sintieron debilitados por no tener la fuerza de la razón de su lado.

El equipo de televisión no sabía si continuar con el reportaje o cerrarlo. El Doctor Mário y Alaíde estaban esperando...

Fue Alaíde quien dio el paso más feliz: ¡rezar! Pensando, le pregunté a Jesús: "Maestro y amigo, necesitamos un poco de la paz que nos diste y que dejaste en este mundo." La enfermera se refería al conmovedor pasaje evangélico en el que Jesús, hablando a los apóstoles, pero dirigiéndose en realidad a toda la humanidad, de todos los tiempos, aseguró: *"La paz os dejo, mi paz os doy. No se la doy a tú como el mundo te lo da."* [4]

El Doctor Mário, siempre pacificador, propuso:

– Esperemos las instrucciones del Dr. Gérson.

A falta de una alternativa más sensata, todo el grupo estuvo de acuerdo. Y en efecto, pronto el Doctor Gérson se acercó a ellos:

– Alex recuperó la conciencia. Mañana lo voy a trasladar a un apartamento. Allí todos podrán hablar mejor con él, aunque no se entretendrán en las visitas.

Sintiendo la ansiedad y aun más la animosidad evidente entre las dos parejas, el Dr. Gérson les advirtió:

– Nadie quería que sucediera todo esto. Pero sucedió y no hay manera de revertir el ayer, de cambiarlo. Sin embargo, a medida que el presente construye el futuro, gestionando el pasado, sugiero que el ahora se trate de reconstrucción.

¡Palabras sabias! No fue escuchado de inmediato excepto por el Doctor Mário y Alaíde.

---

[4] Juan 14:27 – (Nota del editor)

El equipo de televisión, subrepticiamente, continuó filmando... Sin entender los consejos del Doctor Gérson, Alessandra celebró:

– ¡Gracias a Dios mi hijo estará bien!

Adriano empezó a sollozar, sin poder pronunciar palabra.

El Doctor Gérson reforzó la advertencia a favor de la conciliación entre las dos parejas:

– Sí, gracias a Dios, que incluso nos envió el donante adecuado en el momento adecuado.

Dicho esto, se volvió hacia Felício y, tomándole las manos, le agradeció:

– ¡Estamos inmensamente agradecidos!

– Vámonos a casa – ordenó Alessandra en tono grosero, dirigiéndose a Adriano.

Ella y su marido se marcharon, despidiéndose solo de los dos médicos, ignorando descaradamente a Felício y su familia. En cuanto a Alaíde, desde que la vieron no le habían dedicado ni una mirada ni un solo momento de atención.

El equipo de televisión también se fue.

A solas con el Dr. Gérson Felício preguntó:

– ¿Qué pasa con nosotros? ¿Podemos volver a nuestra ciudad?

– Creo que sí. Tengan la seguridad que Alex está bien. Si hay alguna novedad se la haré saber.

Se despidieron y salieron del hospital en el coche del alcalde.

Lina, con los ojos nublados por las lágrimas, estaba amargada. Mirando el hospital que cada vez se alejaba más, la joven se dio cuenta, total, definitiva y plena, irrevocable, incuestionable, que amaba a Alex. Tuvo el impulso de saltar del auto y regresar rápidamente a la UCI para declarar todo su ardiente amor por la estrella que "tenía miles de fans pero ninguno que lo quisiera tanto", como pensaba...

Tan repentino como estos impulsos estallaron en él, la mayor certeza creció en su mente, haciéndole consciente de la imposibilidad de eso.

El amor prospera en la unión de las almas: la suya y la de Alex. Así, no era solo el hospital el que se distanciaba: era incluso la posibilidad de al menos un nuevo acercamiento con "su amor."

En el camino de regreso, con el Doctor Mário al mando y Felício a su lado, todos se asustaron cuando Lina rompió a llorar, sostenida por su madre y Alaíde, que estaban a cada lado de ella.

– ¡Alex! – gritó la joven, con un ligero delirio, deseando que él la oyera e imaginando que de alguna manera milagrosa lograría acercarse a ella, abrazarla y besarla apasionadamente.

Amores juveniles delirantes... ¿qué adulto no los ha tenido?

Suelen ser dulces y amargos al mismo tiempo: el adolescente se enamora perdidamente de alguien y con ello su alma se enciende con el fuego sagrado del amor, pero no es raro que el amado ni siquiera lo sospeche. Entonces, a este fuego sagrado se le sobrepone el frío cruel de la incorrespondencia, haciendo sufrir a quienes aman y hacer crecer su amor.

La vida – tal vez con lástima de quienes pasan por tal experiencia, a veces más en plural que en singular – tratando de aliviar tal tristeza llama al tiempo a encontrar un camino, y él, siempre providencial, trae un nuevo amor, un nuevo amor, ama...

Por mucho que un día nos entristezca amar y no ser amados, muchos de nosotros – casi una mayoría absoluta –, en un paralelo imaginario, con la llegada de la primavera física juvenil, inauguramos un verano de emociones placenteras, que pronto se convierte en un vacío otoñal, rodeado de tristeza espiritual invernal.

La fe y la creencia en Dios, provenientes de la niñez, se van. El tiempo pasa...

Más adelante, la ingeniería divina activa los más diversos mecanismos para que, de una manera u otra, se reavive en nosotros la chispa del espíritu en la búsqueda de la evolución, hacia el encuentro definitivo con la felicidad, que después de todo, es la razón por la que fuimos creados. Esta búsqueda es infinita y en ella el ser recorre incesantes viajes.

Cuando llegue el momento en que los valores espirituales superen los valores terrenales, con cada victoria sobre nosotros mismos seremos como un peregrino que conquista una virtud, que se convierte en perla. Cuando las perlas formen un collar de luz, este peregrino no desfilará en los lugares celestiales, sino que servirá para iluminar los caminos de los hermanos que, un paso atrás – como nosotros, hoy – , tienen dificultades para recorrer el camino que él mismo ya ha viajado.

En un estado de cosas en el que la frustración es similar a un petardo a punto de estallar, con solo una chispa en la mecha de pólvora ya encendida, siempre existe la posibilidad de una intervención invisible, ignorada por quienes participan en tal proceso. Dicha participación, a pesar de la frustración del frustrado, pero energizada por él, fluye desde el plano espiritual, con acción energética sobre el entramado material. Puede ser bueno o malo. Será bueno que alguien recuerde a Dios, o las enseñanzas de Jesús, o incluso si en su experiencia, considerando la existencia presente y anterior, hay un equilibrio positivo en el bien, que caracteriza el mérito. De lo contrario, dicha intervención será mala debido a la sincronicidad mental.

Todo esto porque en este mundo en el que vivimos, independientemente del concepto astronómico, pero con la propia inferencia del espíritu, es de sentido común, para la mayoría de las personas, que exista otro mundo paralelo, similar al nuestro en todo, excepto mejorar la visibilidad y tangibilidad. Pero incluso tales propiedades sensoriales son a menudo equivalentes en los sucesos mediúmnicos de la clarividencia y la materialización.

Según lo enseñado por innumerables espíritus elevados, en registros psicografiados por médiums de todo el mundo, existe efectivamente otro mundo, de otra dimensión, patria de todos los espíritus de la humanidad, en el que la organización no está regida por lo social, sino más bien, por la moral. Allí, sus habitantes son ubicados obligatoriamente por Leyes Divinas en zonas acordes con su herencia espiritual real, resultante de sus logros en el bien, o, desgraciadamente para ellos, en el mal.

No podríamos decir cuántas áreas de este tipo existen y cómo se limitan entre sí, incluyendo hornos, cuevas y cavernas, comenzando así desde la corteza y terminando en un techo espacial imaginario de influencia atmosférica de la Tierra. Sin embargo, podemos considerar que en ellos conviven todos aquellos espíritus que, con los mismos pensamientos, gustos y actitudes, a través de la ley de la atracción y la armonía, se acercan, conviven y se unen entre sí, a través de fuertes vínculos.

El Espiritismo llama a estas regiones de residencia espiritual "esferas superiores o inferiores" y da innumerables detalles útiles sobre ellas. Útil porque dicha información se asemeja a noticias de una tierra extraña a la que tarde o temprano todos los encarnados viajarán, permaneciendo allí por un tiempo desconocido...

Aquí el concepto de "tierra extraña" que le estamos dando al plano espiritual es meramente subjetivo, pues es de allí de donde venimos originalmente. Asimismo, será allí donde regresaremos, en innumerables viajes de ida y vuelta, hasta que, gracias a nuestros méritos, ya no necesitemos venir a la Tierra, solo regresar a ella por libre albedrío - en una misión, por ejemplo.

En las esferas superiores destaca la luz, mientras que en las inferiores la luz y el calor son escasos. El consuelo o malestar, por tanto, resulta de la conquista de sus habitantes, pues cada uno tuvo, tiene y tendrá siempre la libertad de conectarse al punto cardinal de sus inclinaciones espirituales, buenas o malas.

Los espíritus de alta moralidad pueden viajar a través de varias esferas, acudiendo a las inferiores para ayudarnos. En cuanto a nosotros, aun con frágiles prácticas evangélicas, solo podemos movernos en la dimensión de la línea curva que trazamos a través de los puntos del bien y del mal, dimensión que tal vez podamos llamar el antimeridiano del mérito.

En resumen: la alegría o la tristeza, el amor o el odio, la felicidad o la angustia, la paz o la guerra, la luz o la oscuridad, son el resultado de la elección de cada ser, fijado en su alma, para traducirse en pensamientos y acciones. Para bien o para mal, repetimos.

Es consenso espírita que todo aquel interesado en conocer su pasado – su vida – para comprender el presente, tiene un método infalible: mirar dentro de sí mismo y ser sincero. Sí: si logramos analizar nuestras tendencias, nuestras predilecciones, nuestros pensamientos, recordando el mayor número posible de nuestras reacciones ante las diferentes situaciones límite o situaciones a las que estuvimos expuestos, es seguro que esbozaremos un espectro muy aproximado de lo que éramos. Más que eso: tal análisis, en proporción directa a nuestra sinceridad, permitirá la proyección de nuestro futuro. Finalmente entenderemos que para cosechar la felicidad, primero tendremos que plantarla. Esto es exactamente lo que Jesús enseñó cuando sugirió que no acumulemos tesoros en la Tierra sino en el cielo...

El viaje de regreso de la familia de Felício a su ciudad fue doloroso. Incluso algunos intentos de diálogo del Doctor Mário y Alaíde para mejorar el clima astral no fueron efectivos. Al llegar, Lina se encerró en su habitación. No se iría hasta dentro de dos días. Sin comer, congeló los recuerdos en su alma, eligiendo la tristeza como compañía...

Los padres, aunque preocupados, sintieron vergüenza de pedir apoyo al Dr. Mário. Desconcertados por el procedimiento de su hija, se volvieron irritables, impacientes y también perdieron el apetito. En medio de recíprocas acusaciones de culpabilidad, marido y mujer dejaron de hablarse, apenas soportando la presencia del otro.

En ese hogar pronto se estableció una conexión espiritual negativa entre encarnados y desencarnados. La familia, inmersa en sus mundos interiores, creando múltiples ideas, a veces enojadas, a veces egoístas, como no podía dejar de suceder, comenzó a ser visitada por espíritus afines, también perturbados, que acudían en masa a la familia.

Elenise: inmersa en el resentimiento contra la madre de Alex, además de un profundo dolor por las acusaciones de su marido, que la culpaba de la mala educación de su hija, atrajo hacia ella a alguien que no era muy lejano en el tiempo había sido víctima de su tiranía mental. Este alguien – encarnado –, aunque vivía en otro continente (!), todas las noches, al dormir, comenzaba a presentarse obligatoriamente ante su presencia, como limaduras a milímetros de un imán[5]. Lejos uno del otro, con la diferencia de husos horarios, lo que había sufrido, antes del amanecer, se encontró con su oponente - en este caso, Elenise -, a la hora en que se iba a dormir... Esta víctima recordaba vagamente las torturas mentales que sufrió. Fueron sufridos por él, impuestos a ellos y ahora lo único en lo que pensaba era en "cobrarles." Durante casi una hora, cada cinco minutos, daba palmas y decía al oído de Elenise: "mujer mala, mujer mala, mujer mala... ¡cuidado con el fuego purificador!" El insólito e invisible vengador, al despedirse, al acercarse la hora del despertar, gritó: "¡fuego, fuego, fuego!"

Elenise, sin escuchar nada con su sentido físico, poco a poco empezó a escuchar mentalmente los aplausos y esas palabras. El misterio de no explicar cómo podía escuchar sonidos inexistentes, cada vez más frecuentes y claros, acabó provocándole un grave trastorno mental, con graves consecuencias físicas. Al no poder dormir, se levantaba, caminaba por la casa, iba al jardín y allí miraba el cielo, a veces hasta tres horas después de acostarse. Y luego, en lugar de admirar la belleza de las estrellas, maldijo la noche. No pasó mucho tiempo antes que contrajera una doble neumonía, acompañada de un intenso dolor de oído.

Un factor agravante de su estado mórbido fue el hecho que su marido le brindaba poco o ningún apoyo.

---

[5] El Espiritismo aclara que cuando la persona duerme, el espíritu se desprende parcialmente y revestido del periespíritu (que está conectado al cuerpo físico por un cordón fluidico) se dirige a la dirección donde sus pensamientos sintonizan o en el que se fijan. En un caso de venganza, la víctima buscará a quien le hizo daño y si este "autor" no está moralmente vigilante, se producirá la magnetización entre ambos, con graves riesgos para el bienestar de ambos. (Nota del médium)

Postrada en la cama, afiebrada y convulsionada, sin querer salir más, comenzó a tener repetidos espasmos durante los cuales, entre dolores y miedo, gritaba: "... ¡lárgate de aquí, perra! Ya no es suficiente la lección que te di? ¡Nunca dejaría que me tocaras y mucho menos te diera mi amor!" Y al menos tres veces al día, bajo un reflejo retardado de la obsesión que había albergado, gritaba: "¡fuego, fuego, fuego!"

Inicialmente, el Doctor Mário, que la atendió, le diagnosticó neumonía y dolor de oído. Le administró medicamentos que curaron la neumonía, pero no el dolor de oído. En cuanto al comportamiento de Elenise, intuyendo que se trataba de un caso de obsesión espiritual, con mucho tacto le recomendó someterse a un tratamiento espiritual, sugiriéndole buscar ayuda en un Centro Espírita, indicándole el que él mismo frecuentaba.

Además de no aceptar ni una cosa ni la otra, Elenise, en secreto, buscó un "consultor" para problemas matrimoniales, que evidentemente no resolvió nada. Luego comenzó a consumir tranquilizantes, con los que tampoco tuvo éxito; es decir, se alteró cada vez más.

Felício, que debía protegerla, tras el revuelo inicial de las primeras "crisis obsesivas", aunque molesto, dejó de pedir ayuda médica, acostumbrándose a su repetición. Pronto reemplazó la preocupación por un simple desprecio, no muy lejos del pensamiento general que ella se había vuelto loca...

Hablando de obsesión, en verdad, es bueno decir que desde el punto de vista técnico, los conceptos expresados por la Medicina - Psicología Clínica - y el Espiritismo difieren poco. Ambas – Ciencia y Doctrina de los Espíritus – definen tal estado mórbido como el resultado de la fijación mental en un objeto - persona, actividad o memoria - con tal intensidad que resulta en una saturación emocional dañina, resultando en perturbaciones psíquicas, con reflejos orgánicos nocivos.

El punto capital de la obsesión en que el Espiritismo avanza en relación a la Ciencia y se diferencia de ella es el hecho que fundamenta el problema en el plano espiritual y en la(s) vida(s) pasada(s). La inferencia espírita es que la perturbación actual, por regla general, resulta de la desafortunada y eficiente actividad participativa de los espíritus, generalmente desencarnados y vengadores, para recuperar las pérdidas sufridas, casi sin duda en otras vidas. En otras palabras: la persona encarnada alejada de la caridad y del amor de Dios se convertirá en presa fácil de quienes le hacen daño, quienes le buscarán tarde - en esta vida - o temprano - en una vida futura.

Así, la obsesión puede darse entre encarnados... en cuyo caso el obsesor quedará desconectado del cuerpo a través del sueño y su objetivo podrá estar también dormido o despierto. Casi siempre, en el insomnio...

– ¿Qué pasa entonces?

– El espíritu que se siente perjudicado se acercará al enemigo de antaño para vengarse. De todas las formas posibles. Una de ellas, muy eficaz, será a través de la inducción mental: soplar sin cesar ideas perturbadoras en el oído, dando lugar a problemas irresolubles. El proceso es subliminal. La persona obsesionada no vio ni oyó nada al nivel de las percepciones terrenales. Sin embargo, en su propia psicósfera individual, inconscientemente registrará con extrema fidelidad todas las sugerencias que le hagan.

Es fácil deducir que la desesperación pronto se apoderará de la "víctima", que se considera así debido a un complejo de culpa, anotado en el archivo espiritual de su pasado, pero oculto en el presente. Y como la desesperación es el peor de los consejeros, quien ya está perturbado será un anfitrión dócil y tendrá mayores dificultades para encontrar la solución que lo alivie.

Entonces, debilitado espiritualmente, comenzará a actuar de manera equivocada, como si fuera un conductor que elige la dirección equivocada y que, mientras conduce, encorvado por un peso sobre su espalda, aumenta cada vez más su velocidad.

Casi todos los crímenes se cometen en este nivel astral. Los suicidios, que expresan la mayor falta de respeto hacia Dios, a menudo son el resultado de este desafortunado consorcio entre encarnados con dificultades de culpa y desencarnados con ideas de venganza. Será raro, si no imposible, encontrar un acto de violencia llevado a cabo en el planeta Tierra sin monitoreo desde el plano terrenal o el plano espiritual, generalmente, desde ambos...

En cualquier caso, quien está atrapado en la obsesión casi siempre podrá liberarse con ayuda externa. ¿Cómo? En dos vertientes: recurrir a la Medicina, para posibles dolencias físicas y al amor de Dios, para dolencias espirituales. Nada se opone, eso al mismo tiempo. Si el tratamiento médico es un apoyo eficaz en esta situación, el tratamiento espiritual lo es aun mayor. En ese contexto, surge la modesta y humilde figura del Centro Espírita, como el lugar ideal para la segunda y más importante fase del tratamiento. Allí obtendrá recursos de fluidoterapia - pases y agua fluidizada - y asimilará aclaraciones evangélicas y doctrinarias, que pontifican sobre las enseñanzas de Jesús y la bondad de Dios, para ser expresadas con incomparable justicia. Pronto comprenderá que el fruto amargo de hoy es el resultado de la plantación equivocada de ayer. Finalmente reconocerá que no hay errores ni culpas para siempre, sino infinitas oportunidades de reconstrucción, cuyo mortero es el perdón.

Perdonar plenamente requiere una gran filantropía del alma.

Pedir perdón no será más fácil: requiere reconocimiento de los errores cometidos y humildad efectiva en este pedido, resignación ante las adversidades que te visitarán, una decisión valiente de restaurar lo destruido y, finalmente, un ideal inquebrantable de nunca más, volviendo a cometer tales errores.

Difícilmente habrá momento más celebrado en todo el universo que aquel en el que almas opuestas liberan sus penas y unen sus infinidades en pródiga amistad.

Felício, al ver en televisión nacional, la entrevista en la que lo presentaban como el salvador de Alex, algo así como el ángel encarnado del célebre ídolo, decidió poner en práctica su plan para aprovechar eso. Beneficio político...

Si antes del baile de debutantes su intención era la reelección, ahora reforzó la idea que tenía de ganar un escaño en la asamblea legislativa estatal. En privado se preguntaba: "¿Para qué ser alcalde de un pueblito insignificante si tengo recursos para ser diputado?"

Este pensamiento empezó a vivirse a tiempo completo.

No había otra manera: muchos asistentes y conocidos, con quienes tocó brevemente el tema, comenzaron a alimentar su ego, un ego hambriento. Más por halago que por convicción, lo animaron a emprender esa "conquista segura", lo que provocó que Felício expresara públicamente esta intención al comité de su partido político a los pocos días. Donde, habiendo recibido la propuesta, inicialmente con reservas, debido a las pocas posibilidades reales de victoria – perspectiva que ni siquiera nadie comentó –, él mismo ayudó a la comisión a aprobar su retirada de la reelección a alcalde, a lanzarse en la búsqueda de un escaño en la asamblea legislativa. Obtuvo la nominación del partido gracias al argumento definitivo de la importante suma de dinero que se comprometió a donar para su campaña. Al no tener todos los fondos prometidos, pidió préstamos...

Lo que Felício ignoró fue que, entre bastidores, los líderes del Partido decidieron utilizar los fondos que había donado para dar a conocer la plataforma política del partido en lugar de los CV's de los candidatos potenciales.

Tom, candidato a alcalde, se unió al "baile de hadas" con los dos concejales no invitados, a quienes prometió nombrar secretarios municipales si era elegido. Para ello, incluso se acercó falsamente a los dos enemigos políticos de Felício, quienes le prometieron apoyo, lo que en realidad terminaron por no cumplir.

Cuando Felício dejó el cargo de alcalde para postularse como candidato a diputado, tardó un tiempo en darse cuenta que había sido traicionado, ya que prácticamente no había ninguna campaña política a su favor.

De hecho, hubo una campaña sobre él, pero fue negativa: la televisión acabó mostrando algunos de los aspectos negativos entre las dos familias, cuando la entrevista se realizó en el hospital... Asqueado por la traición de sus seguidores y por lo que consideraba una difamación familiar en la televisión, intentó reaccionar, pero privado de todo poder, no consiguió nada...

Su sueño resultó en un gran fiasco, ya que recibió pocos votos.

Endeudados y sin horizontes, avergonzados por la humillación sufrió, se recluyó en casa, él también...

Lina: ella también pasó la mayor parte del tiempo enclaustrada en casa, desde la última vez que vio a Alex: se había retirado a un escondite imaginario que no era otro que su habitación. El "diario" que había estado escribiendo era su único salvavidas, en ese océano tormentoso en el que se había hundido su ilusión, desde el preciso momento del disparo que alcanzó a Alex. Empezó escribiendo pequeñas frases, como contando su vida, que fue una hasta el tiroteo, y otra desde entonces.

Durante días y días de introspección y cierre, cada tres días, en autoflagelación psicológica, escribí solo una frase:

– Querido diario, único amigo... con intensa amargura escribo estas palabras, las primeras desde mi debut en sociedad. Voy a escribir una frase cada tres días, para pensarlo...

– Yo, una niña feliz, una adolescente soñadora, una joven al que el destino decidió maltratar...

Sí, mi diario, fui feliz hasta que lo encontré...

¿Oh, Dios? Ahora bien, ¿quién podría ser? ¡Alex!

No sé qué responder: a veces lo odio, a veces...

¿Por qué Dios permitió que esto sucediera? ¿Pronto conmigo?

Alex, Alex, no te mueras, querido... No te mueras, te necesito de nuevo... Hermoso y lleno de vida...

Nadie me entiende, solo tú. ¿Quieres ver?

Mamá, papá, los padres de Alex...

No creo que él lo sepa... Yo tampoco...

¡Dios mío! Estoy confundida, ¿qué siento?

No sé...

Alex, Alex, por favor: no vuelvas a visitarme, en esos horribles sueños... Te ves feo cuando me amenazas y me llamas idiota. No soy así.

Han pasado tantos días... pero parecen años... y cada vez tengo más miedo... ¿Por qué nadie me dice si está curado?

Si él muere... yo también muero. Es curioso, si él no viene a verme, la que va soy yo, tengo la impresión que soy una golondrina... ¿Cómo puedo volar? ¿Y cómo supe que necesitaba sangre y la otra vez tenía sed?

Parece que soy dos: "l número uno" se queda en mi habitación durmiendo y "la número dos" - la golondrina - va hacia él, ya no está en el hospital... No sé dónde. Cuando ve el número dos, inmediatamente comienza a amenazar a la "número uno."

¿Y cómo es que también vi a los padres de Alex emborrachándose?

Voy a buscar a alguien que me explique estas extrañas visiones.

Lo sé: voy a hablar con Alaíde.

5. Luz y Sombra

En el peligroso nivel en el que se encontraba Lina, su espíritu guardián, actuando como enfermero privado conduciendo a la paciente hacia el sol de la mañana, la intuyó buscar a Alaíde, aspirando a que el sol del Evangelio calentara su mente, derritiendo así la tristeza que la invadía. congelado en mi alma. De hecho, Lina buscó a Alaíde, visitándola en su casa:

– Hola Alaíde, me gustaría que me explicaras algunas cosas raras que pasaron...

– Te refieres a...

– A los sueños que tuve después del "accidente" con Alex. No puedo explicar cómo me enteré, desde aquí en casa, que necesitaba sangre, estando él allí en el hospital de la Capital. Y entiendo aun menos cómo fue que cuando fuimos allí, de repente sentí una somnolencia irresistible y pronto me encontré en la UCI, junto a él. Entonces hablé con él y me pidió agua, porque tenía mucha sed...

Alaíde respiró hondo y con un simple pensamiento de Dios, sin ningún tono de maestra, sino más bien de amiga, dijo:

– Sabes Lina, soy espírita desde hace muchos años y soy médium pasista; es decir, me dedico de todo corazón a donar mi energía a las personas que la necesitan y quieren recibirla. Prácticamente solo realizo esta actividad en el Centro Espírita al que asisto. Me gusta mucho estudiar Espiritismo, pero nunca había oído hablar de personas que puedan levantarse del suelo y flotar en lo alto por unos momentos.

– Espera un momento Alaíde: ¿qué quieres decir con eso? ¡¿Te estás refiriendo a mí?! En primer lugar, quisiera que sepas que no entiendo nada sobre el Espiritismo e incluso dudo que después de morir, la vida continúa. Para mí no hay nada más allá de lo que puedo ver, tocar y sentir. Y nunca he visto un espíritu...

– Sí, Lina, me refiero a ti. Dos veces, allí en la Capilla, te vi en el aire, como una pluma, inmóvil. Investigué cuál es este hecho y aprendí algunas cosas que me gustaría transmitirte. Esto ya les pasó a algunos santos y fue considerado milagro. Pero en realidad es un fenómeno explicado por la Doctrina de los Espíritus y se llama levitación.

– ¡Tengo miedo! No puedo evitar imaginar lo peligroso que es esto. Solo de pensar en estar alto me da miedo caerme...

– Precisamente por eso estás inconsciente en esos momentos, de lo contrario podrías lastimarte.

– ¿Qué quieres decir con inconsciente?

– Si estás consciente de lo que sucede, tu incredulidad en los espíritus, además de la falta de comprensión de la mediumnidad y sobre todo de la falta de fe, podría provocar incluso un grave accidente. Pero la bondad de Dios es tanta que te pones inconsciente. No hay duda que eres un médium de efectos físicos, ya que la levitación, en tu caso independiente de tu voluntad, caracteriza la intervención y asistencia espiritual.

– ¿Quieres decir... espíritus...?

– Claro, amiga mía: ¡buenos espíritus!

– ¿Cómo sabes que son buenos?

– Las veces que levitabas, estabas en un momento de oración. Pero, sobre todo, analizando las consecuencias podemos deducir que los efectos fueron para bien. Pronto...

– ¿Qué quieres decir con "para bien"?

– ¿Fueron para el mal? ¿Te sentiste mal? ¿Los recuerdos de esa época de lo que usted llama "sueño" son buenos o malos?

– ¡Estábamos bien! De Alex...

— Entonces eso es todo: tu ángel de la guarda seguramente está tratando de mostrarte una realidad hasta ahora desconocida para ti, o peor aun, rechazada...

— Por favor, Alaíde, ¿cuál sería esa realidad?

— En primer lugar, Lina, ya no tienes derecho a dudar de la existencia de los espíritus y que existe otro mundo: el planeta en lo espiritual, con el que estamos íntimamente interconectados. Incluso más de lo que podemos imaginar...

— Tengo miedo de estas cosas, por eso evito pensar en ellas...

— Bueno, no deberías. Todos vivimos muchas veces. La muerte, tan temida, en realidad no es más que un viaje de regreso al plano espiritual, de donde venimos cuando nacimos. Y aquí, la mayor revelación de todas: ¡nacemos y morimos muchas veces!

— ¿Ves por qué tengo tanto miedo de estas cosas?

— ¿Morir... o nacer?

— ¡Por favor, Alaíde, no bromees con esto!

— No estoy jugando. ¿Qué se deduce de tener esta maravillosa facultad mediúmnica de levitar?

— No tengo ni idea. A decir verdad, me cuesta creer que me elevé en el aire... Lo siento, pero creo que eso es imposible.

— Para Dios no hay nada imposible y la levitación es una manifestación de la bondad divina. ¿Fue casualidad que Él "decidió" entregártelo como un don? Pero en este caso, todo el que no lo tiene puede, con razón, sentirse perjudicado, porque ¿quién no querría "volar"? Pero no, querida, Dios es la Justicia Suprema y si puedes levitar y no has hecho nada en esta vida para lograrlo, está claro que el mérito viene de otras vidas, que solo pueden ser en el pasado. ¿Entiendes la lógica de la reencarnación y de las vidas sucesivas?

— ¿Qué evidencia hay de la reencarnación?

— ¿Cómo se midió la distancia de la Tierra al Sol? Si la Astronomía es una Ciencia que utiliza cálculos de comprobada veracidad, de la misma manera la razón y la creencia en la justicia de Dios afirman a nuestra inteligencia, con total certeza, que solo vidas sucesivas explican varios hechos de la realidad humana.

Haciendo una pausa, Alaíde concluyó:

– Si un ser humano tiene una sola vida, ¿cómo podemos justificar que alguien nazca ciego, con síndrome de down o con SIDA? ¿En la favela o en la casa del dueño de una empresa multinacional? ¿En Suecia o Etiopía allí? ¿Y cómo podemos explicar por qué nacen personas dotadas física o mentalmente? Razón, Lina: Dios es el Señor de la vida, la bondad absoluta, el amor en su plenitud, por lo tanto Él no cometería injusticia ni concedería privilegios a ninguno de Sus hijos.

Haciendo una nueva pausa para que Lina pensara, Alaíde continuó:

– En cuanto a los que nacen en condiciones tristes, la razón nos dice que se encuentran en un proceso muy difícil de rescate, de expiación de faltas, necesariamente cometidas en existencias pasadas. No tenemos derecho a juzgar, pero la lógica nos lleva a comprender que en todas las dificultades de la vida lo que existe es la expresión pura de la Ley Divina de acción y reacción.

– Empiezo a comprender cómo hay lógica en el Espiritismo... sin embargo, en mi caso, suponiendo que la levitación sea realmente un logro, ¿solo sirve para hacerme creer en el mundo de los espíritus?

– ¿Crees que no es suficiente? Por supuesto que no solo por eso. Esta sería solo una primera fase, como un despertar. Lo importante será cómo utilices esta facultad.

– ¡¿Yo?! ¿Emplear esta facultad? ¿Ir a volar...?

– ¿Los médicos andan curando? ¿Los maestros andan enseñando? ¿Los músicos andan tocando? ¿Los ingenieros andan construyendo? ¿Los sacerdotes andan rezando? ¿O cada persona, por profesión o vocación, gestiona de la mejor manera lo que sabe y realiza sus tareas de forma equilibrada, juzgando el tiempo y el espacio?

- Pero yo no tengo ninguna de esas profesiones ni soy religiosa.

- Sin embargo, como la mayoría de la gente, si no todos, eres médium. Y los médiums que estudian el Espiritismo se dan cuenta que el ejercicio mediúmnico solo trae beneficios, primero para ellos mismos y luego para las personas encarnadas o desencarnadas en estado de necesidad.

- ¿Qué beneficios podría obtener para mí o para otros si "floto" en el espacio?

- Lina, Lina: ¿has olvidado que fue en esos trances mediúmnicos que ayudaste a Alex? Y además, ¿no estamos hablando precisamente de la existencia del plano espiritual y que en él habitan espíritus? ¿Están todos felices y felices? Por ejemplo: cuando una persona muere en una pelea, o en un robo, o por suicidio, o por adicciones, ¿este espíritu llega bien equilibrado al plano espiritual?

- ¿Y cómo lo sabré? ¿O quién sabe?

- El sentido común responde...

- Sí... solo pueden estar infelices... "allá..."

- Eso mismo. Y si para los enfermos del cuerpo hay médicos y hospitales, para los enfermos del espíritu también hay médiums y Centros Espíritas. Así como los médicos atienden a los pacientes en los hospitales, los médiums también deben atender a los espíritus necesitados en el Centro Espírita. ¿Entendiste?

- Más o menos... Lo que no entiendo es ¿por qué este espíritu que murió y está en mal estado no es atendido allí mismo en el cielo, o en el plano espiritual como dices? ¿No hay buenos espíritus allí? Entonces, ¿por qué necesitan a los vivos? ¿Qué hay que no haya "allí"?

- En primer lugar, repito que nadie muere: lo que está sucediendo es un cambio de plano; es decir, del material al espiritual y viceversa. En cuanto a la atención a los espíritus necesitados en los Centros Espíritas, esto sucede porque todo en el universo es vibración, todo es energía. Y resulta que los encarnados tienen una vitalidad específica para la vida terrenal y es esta energía la que los médiums donan a los visitantes espirituales necesitados, porque estos, después de la muerte del cuerpo físico, continúan con la mente arraigada en nuestro plano. Por esta armonía, los protectores espirituales los llevan a la reunión mediúmnica, para una primera consulta, algo así como una transfusión de energías.

– Entendí un poco más con este ejemplo de la transfusión, porque recuerdo que eso fue más o menos lo que pasó con Alex: solo papá tenía la sangre que necesitaba...

– Fuera de la reunión mediúmnica, cuando hay una emergencia espiritual, dondequiera que esté el médium, será buscado por los Mensajeros de Jesús para donar su energía, a veces inconscientemente. Esto equivale, por ejemplo, al caso de un paciente que se siente mal en la calle y cuando llega la ambulancia, llega el médico y, dependiendo de la urgencia, allí mismo le dan los primeros auxilios, hasta que lo trasladan al hospital. Tanto para los encarnados como para los desencarnados, una vez atendidas las emergencias, el seguimiento se realizará, respectivamente, en el hospital o en el Centro Espírita.

– ¿A dónde quieres llegar?

– ¿Realmente quieres saber?

– ¡Claro!

– Tu mediumnidad, así como todas las mediumnidades de otros médiums, son herramientas poderosas que Dios pone en manos de quien necesita reajustarse, y la mejor manera de lograrlo es buscando ayudar a los demás.

– Repito la pregunta: en mi caso, ¿cómo puedo ayudar a alguien mientras vuelo?

– ¡No vuelas: está levitando!

– ¿Cuál es la diferencia?

– Definamos algunas palabras: volar es lo que hacen los pájaros e incluso los aviones y quienes practican deportes aéreos, como el "planeo." La levitación, a su vez, es la suspensión de objetos o personas que, sin explicación alguna, se elevan en el aire, generalmente a pequeña altura; en este caso siempre hay concurrencia de espíritus, quienes, utilizando fluidos de un médium, aplican los suyos, haciendo que ese objeto o persona ascienda a cierta altura desde donde se encuentra y flote en el aire, sin apoyo alguno. Es un fenómeno de manifestación espontánea, con la participación de un médium y espíritu(s) desencarnados (s).

Dándole tiempo a Lina para pensar, Alaíde añadió:

– Puedo estar equivocada, pero algo me dice que en ti éstas dos manifestaciones mediúmnicas sucedieron como una advertencia.

– ¿Qué quieres decir con "advertencia"?

– Algo así como una preparación, un primer paso, para tareas que realizarás más adelante...

– Aunque entiendo los ejemplos que citaste, me siento un poco confundida...

– Con el tiempo y con estudios lo entenderás mejor. Por ahora, agregaré otra información espiritual: los espíritus tienen una facultad similar, llamada volición; la diferencia es que los espíritus evolucionados realizan movimientos aéreos casi instantáneos, a gran velocidad, desde el plano espiritual al material, o viceversa.

– ¡Que maravilla!

– Así es. Todos los seres humanos, un día, cuando por mérito se internen en altos planos espirituales, podrán regresar cuando quieran. Sin embargo, la información que nos dieron los buenos espíritus es que ellos solo regresan a las tareas del bien, nunca por ocio.

– Por lo que tengo entendido, la levitación solo les ocurre a las personas encarnadas, mientras que la volitación solo les ocurre a las personas desencarnadas. ¿Es eso?

– Sí. Te prestaré un libro que trata parte de este tema. Me refiero a *"El Libro de los Médiums"*, de Allan Kardec, publicado en 1861, en Francia. Te sugiero leerlo lentamente, analizando cada capítulo. Al llegar al quinto capítulo de la segunda parte encontrarás explicaciones detalladas sobre eventos físicos espontáneos que no tienen nada de sobrenatural, pero que han ocurrido en la humanidad durante milenios. En la Antigüedad eran considerados "manifestación de los dioses"; en la Edad Media, cuando con la gente religiosa, eran "milagros", pero con la gente común, "posesiones diabólicas"; posteriormente, con el avance de la ciencia, fueron objeto de innumerables investigaciones, que comprobaron su existencia; sin embargo, sin poder explicarlos con leyes terrenales, quedaron relegados al olvido.

- ¿Qué otros temas trata este libro además de éste?

- En general, contiene informaciones de los espíritus sobre el medio de comunicación entre encarnados y desencarnados – la mediumnidad –, mostrando su mejor utilización y enseñando a evitar distorsiones. En el caso de la levitación, existen referencias directas. En cuanto a la volición, hay breves citas en el libro "*El Cielo y El Infierno*", también de Allan Kardec, donde registra testimonios de espíritus felices moviéndose a grandes velocidades.

Lina pensó un rato y preguntó:

- ¿Quién fue este escritor Allan Kardec?

- Fue un eminente profesor y pedagogo francés, nacido en 1804, que a la edad de cincuenta años vio mesas elevarse en el aire, espontáneamente...

- ¿Así como yo...?

- ¡Exactamente! Comenzó a investigar tales fenómenos y pronto identificó la participación de los espíritus en que esto sucediera. Su investigación evolucionó hasta el punto de utilizar médiums para hacer preguntas a los espíritus y las respuestas fueron anotadas y recopiladas en su primer libro: "*El Libro de los Espíritus.*"

- ¿Puedo leerlo?

- Debes hacerlo.

- ¿Cuándo?

– Comienza hoy... De hecho, pensándolo bien, primero debería leer "*El Libro de los Espíritus*" y luego leer "*El Libro de los Médiums*" para asimilar mejor las enseñanzas espíritas.

– Interesante: a algunos compañeros les gusta leer novelas espirituales y se ofrecieron a prestárselas, pero yo siempre las rechacé. Ahora estoy empezando a interesarme por ellas...

– Excelente. Mi consejo; sin embargo, es que primero leas las obras de Allan Kardec y luego las novelas espíritas. Si se mira con atención, verás que las novelas espíritas en realidad traen las mismas enseñanzas, pero con mucha ligereza y poesía, siendo útiles a una masa considerable de lectores que no se inclinan por los estudios, sino por esta otra forma de aprender, combinando ocio con conocimiento.

Lina te agradeció las preciosas aclaraciones. Abrazando afectuosamente a Alaíde, se despidió prometiendo que "estudiaría a Allan Kardec."

Alaíde sacó de su bolso una hoja de papel en la que había tomado notas y se la entregó a Lina, recomendándole que la leyera en casa.

Centrada en sus estudios, Lina acabó olvidando la nota que le había entregado Alaíde. Diez días después, mientras empacaba sus pertenencias, encontró la hoja doblada, tal como la había recibido y aun no la había leído. Lo abrió y, conmovida por la atención de la enfermera, leyó:

– "*A mi amiga Lina:*

Estudia las diferencias fundamentales entre volitación y levitación en varias obras espirituales, que enumero a continuación:

– volitar es la acción de los espíritus desencarnados y la levitación de los espíritus encarnados

– los objetos también pueden levitar; sin embargo, siendo solo materia, se mueven por la acción de fluidos combinados, espíritus incorpóreos y encarnados;

– volitar es una acción que ocurre en el plano espiritual y levitar en el plano material;

– la volitación se produce de forma voluntaria y la levitación es casi siempre inconsciente - en el éxtasis, por ejemplo;

– la volición es una acción individual y en la levitación siempre hay una competencia de espíritus incorpóreos y médiums, que donan sus fluidos; los espíritus que participan en la realización del fenómeno no tienen gran evolución moral, sino más bien, gran energía - fluidos algo densos necesarios para la levitación -, siendo comandados y guiados por espíritus protectores;

– la volitación es un atributo del buen espíritu y en la levitación, cuando se trata de personas, no siempre existe tal atributo - de hecho, se han registrado levitaciones de "santos", pero también de personas que no son exactamente misioneras;

– también hay algunos espíritus que no se centran en el bien, pero que poseen un vasto conocimiento sobre algunas fuerzas de la naturaleza; sus movimientos; sin embargo, se limitan a zonas restringidas, a baja altura y a baja velocidad;

– volitando, los buenos espíritus pueden recorrer grandes distancias, incluso hasta las esferas inferiores, siempre en misión caritativa;

– volitar a distancia no es propiedad de los espíritus poco evolucionados, los cuales, debido a sus fluidos pesados, solo pueden volitar por períodos cortos y solo dentro del perímetro de las esferas densas en las que se encuentran;

– los espíritus elevados volitan a una velocidad vertiginosa, alcanzando algunos la velocidad del pensamiento; en la levitación los movimientos son lentos, existiendo velocidad solo en los casos de lanzamiento de objetos;

– la levitación de personas y objetos, aparentemente, tiene como objetivo despertar moralmente a las personas involucradas en el proceso - médiums, participantes y testigos;

– volitar es el logro de la elevación espiritual y la levitación es una alerta para el grupo donde se produce, probando la existencia de otras verdades para la certeza de la vida espiritual;

– La volitación puede ocurrir simultáneamente con espíritus agrupados y la levitación, hasta donde sabemos, hasta ahora se ha producido con una sola persona, a veces sentada, generalmente en una

reunión mediúmnica, y esta persona puede ser elevada en el aire, con o sin silla;

– la volitación es un fenómeno rutinario en el plano espiritual, pero incluso algunos investigadores de renombre que lo presenciaron, que habían tomado las más estrictas precauciones contra el fraude, dudan de la levitación;

– finalmente, hasta donde puedo deducir, al plano espiritual no le interesa en absoluto hacer seguidores, sino que lo que hay en las levitaciones es el mérito de algunas personas en levitar o presenciarlas, cuando no ya sea por una moral y/o despertar mediúmnico, que sea una visión merecida e inolvidable."

Lina leyó y releyó información tan elocuente.

Unos meses después buscó a Alaíde. Al encontrarla, inmediatamente dijo:

– Gracias, mil veces agradecida por su atención hacia mí. Hoy entiendo muchas cosas mejor... Imagínate, por ejemplo, ¿qué pasaría si una persona conocida internacionalmente comenzara a levitar, durante una recepción que se transmitiera por televisión al mundo entero?

Alaíde, algo triste, consideró:

– Poco cambiaría el modo de pensar de la gente. Cuando el primer astronauta pisó la Luna, en exhibición mundial, ¿qué pasó? ¿Todos creyeron...?

– Sí, tiene usted razón. Parece que algunas personas solo creen en ciertas cosas cuando les suceden...

– Es eso mismo. Los informes de Jesús levitando sobre las aguas y en otra ocasión calmando el mar embravecido, en sí mismos, deberían prescindir de cualquier otra evidencia de poder espiritual, sin embargo...

Lina abrazó a su amiga y declaró:

– Después de todo lo que me pasó y gracias a lo que estoy aprendiendo leyendo los libros espíritas que me recomendaste, además de las explicaciones que me diste sobre la mediumnidad, cambié por completo mi forma de pensar sobre los valores de la vida.

Pensativa y con mirada triste, añadió:

– Incluso he hecho muchas oraciones pidiéndole a Dios paz en mi casa, porque mis padres apenas se hablan... Por mi parte, desde el problema en el baile, nunca más quise volver a saber de amistad con nadie. Pero cuando compré *"El Libro de los Espíritus"*, por feliz coincidencia, en la misma librería estaba mi vecina Ester, quien me invitó a visitar un grupo de jóvenes al que ella pertenece y que se reúne una vez por semana en un Centro Espírita, a estudiar el Espiritismo.

– Gracias a Dios – intervino Alaíde, añadiendo –, claro que este encuentro no fue una casualidad, sino una intervención feliz de tu espíritu protector. Pero perdóname por interrumpirte. Continúa por favor.

– Así es, fui, me gustó y hasta me anoté en el grupo que se llama "Juventud Espírita Vida Feliz." ¡Hoy, gracias a Dios, los jóvenes son todos mis amigos! Ni siquiera te imaginas lo mucho que estoy aprendiendo de ellos, porque cuando comencé a leer *"El Libro de los Espíritus"* sola, me costaba entender varias respuestas, pero anoté mis dudas y mis nuevos amigos me han iluminado.

~ 0 ~

Alex, desde que llegó a la UCI, aunque parcialmente inmovilizado, vivió un verdadero torbellino de acciones mentales, preocupado por el daño que causaría a su imagen estar alejado de los focos de la fama. Pensé, angustiado: "todo fue culpa de esa chica idiota."

Más que nadie sabía que fuera de la vista, fuera de la mente o mejor aun, en su caso profesional, sin aparecer en programas de televisión, rápidamente sus fans se olvidarían de él. Y peor: los medios de comunicación.

Se desesperó ante las luces de la UCI, reemplazando trágicamente las del televisor. "Todo por culpa de esa loca", volvió a pensar, recordando la figura de Lina.

La "pérdida de audiencia" pareció incluso aumentar su dolor.

Actualmente, la Medicina comienza a considerar cierta la hipótesis subjetiva según la cual el dolor físico puede ser aliviado por el propio paciente, siempre que su paisaje mental excluya la revuelta, la indignación, el inconformismo y el desamor por la vida.

Es más: el deseo de curar, combinado con la fe en poderes trascendentales - de cualquier fe -, siempre serán catalizadores de la producción de hormonas balsámicas, que, si bien no eliminan el dolor, lo restringen.

Alex sufrió mucho dolor durante aproximadamente tres semanas después de lo sucedido en el baile de debutantes. Durante ese tiempo, durmió y se despertó muchas veces al día y a la noche. Después de pensar tanto en Lina, con un odio creciente, empezó a tener sueños recurrentes con ella. Soñando con ella tal como la había visto en el baile, no la consideraba ningún paradigma de belleza, sino simplemente una joven "bien formada." Linda. Solo linda. La llamó "niña estúpida." Pero, otra vez, soñó con Lina, viéndola como si fuera una estatua de turmalina, brillante, chispeante, sensual. Luego corrió hacia ella, pero la estatua se hizo añicos.

Una o dos veces soñó que tenía encuentros apasionados con ella, de besos intensos entre caricias ardientes.

Pero lo que realmente le intrigaba eran las reuniones en las que Lina venía a visitarlo... ¡Le parecía que llegaba volando! De todos estos mini sueños repetidos, por ser de corta duración, alternándose desordenadamente, despertaba con el corazón fuera de ritmo, hecho demostrado por la instrumentación médica en la UCI mientras permaneció allí.

Luego de su alta médica, pronto se olvidó de Lina y regresó a sus actividades artísticas, siendo mucho más admirado por sus fans, pues en lugar de perder audiencia, la aumentó, por haber sobrevivido.

Con los padres de Alex la situación era igualmente intensamente inquietante. Adriano, que siempre había sido un hombre trabajador, con un empleo modesto, había dejado su trabajo tras el éxito rotundo de su hijo, convirtiéndose en un "padre de oficina." A cambio de una hermosa casa y ventajas, todas pagadas por su hijo, se volvió arrogante con la gente, creyéndose el único responsable de su éxito. Por eso consideraba que tenía derecho a gastar lo que quisiera con el dinero que ganaba su hijo. Comenzó a convivir con gente interesada, que además disfrutaba de parte de las prebendas que garantizaba el alto salario de Alex. Nunca faltaron las bebidas alcohólicas... Después de algunas copas en ocasiones sociales, casi siempre por la noche, las cosas fueron tan mal que Adriano pronto empezó a beber también durante el día. Todos los días. Y peor: nada más levantarse de la cama, por la mañana, antes incluso en el cuidado de la higiene matutina se ganó el honor de Baco, el dios del vino y de la viña, de quien, en broma, era llamado "el servidor más fiel..."

Al poco tiempo Adriano ya no podía realizar ni siquiera las pequeñas tareas que le pedía su hijo.

No pasó mucho tiempo antes que Alex se marchara de casa, trasladándose a una mansión, donde lo primero que hizo fue invitar a la prensa a ver la nueva casa. Comenzó a darles una mesada a sus padres.

El padre no quedó satisfecho y empezó a exigir más dinero, que Alex no le dio. Entonces, Adriano se volvió incómodo y agresivo, con todo y con todos y en repetidos delirios alcohólicos culpaba a su esposa de la "miseria" a la que estaban reducidos:

– Fuiste tú, mujer, quien le hablaba mal de mí a Alex...

– ¡¿Yo?!

– Tú misma: fuiste a contarle "la cantidad de gente" a la que atendí. Eran mis amigos... y ahora me abandonaron también...

– Adriano, Adriano, ¿no te ves? Esas personas solo querían obtener algún beneficio gracias a la ayuda de nuestro hijo. Te utilizaron como un simple chico de los recados.

– Ayudé a muchos... A todos les agradaba...

– Les gustaba la bebida que les diste.

– No vuelvas a hablarme así. Sabes que solo "bebo socialmente." Y dentro de unos límites. Siempre que quiera parar, lo haré de inmediato...

– ¿A qué llamas "límites"? ¿Bebiendo todo el día, hasta casi desmayarse?

– Nunca me desmayé. Lo que tengo es la presión arterial baja.

– Realmente no te ves a ti mismo. Ni siquiera te das cuenta que me quedé viuda...

– ¿Qué? ¿Estás loca? ¿Has perdido la cabeza? ¿Entonces morí?

– No, no estoy loca ni he perdido la cabeza. No tengo marido, eso es todo...

– Bueno, bueno, ¿cómo piensas en estas cosas, cuando nuestro hijo está entre la vida y la muerte?

– ¡Por Dios! Nuestro hijo no está "entre la vida y la muerte": ¡lo estaba! El problema de Alex ocurrió a finales del año pasado y no me has llamado desde entonces.

De hecho, Adriano desconocía por completo la existencia de su esposa desde hacía un tiempo considerable. Envuelto en interesantes amigos, que lo buscaban solo con la intención de obtener algún favor de su célebre hijo, se dejó llevar por los constantes halagos. Sin mayores ocupaciones ni preocupaciones, mientras Alex soportaba esta vida inocua, encontró en el alcohol la compañerismo resultante de una vida sin objetivos.

Y, como ya se ha dicho, las adicciones llevan al adicto a colaborar con compañeros invisibles: espíritus que desencarnaron por - o con - estas adicciones y que, a través de un verdadero acto de vampirismo, disfrutan de parte de las sensaciones experimentadas por la persona encarnada, induciéndola cada vez a revolcarse en tales prácticas.

Alessandra, por su parte, siguió siendo una buena ama de casa, cumpliendo con todas las obligaciones domésticas. No se dejó atrapar por las tonterías de su marido. Se negaba sistemáticamente a participar en las reuniones festivas, tanto las de su hijo, de carácter profesional, como las de Adriano, siendo esta última una mera excusa para que él y sus amigos se emborracharan.

Sin embargo, la rutina de los quehaceres domésticos, con Adriano permanentemente borracho y Alex viviendo en otro domicilio, acabó provocándole una sensación de doble pérdida, la de su marido y la de su hijo.

Las penas y la soledad son ingredientes para desencadenar el estrés, entendido como aburrimiento profundo. De ese aburrimiento a la frustración existencial, un paso. Por mucho que el vicio siempre intente infiltrarse en la virtud, lo cierto es que solo con el fundamento de la vigilancia evangélica no se derrumbará la construcción moral.

Para escapar de esta situación, buscando compensar la falta de paz interior que sentía, Alessandra se entregó a los medicamentos antidepresivos, quedando cautiva de ellos.

Se sabe que la depresión visita, con mayor o menor frecuencia, a la mayoría de los seres vivos, convirtiéndose en una compañera inevitable de los vagabundos necesitados en el camino evolutivo terrenal, que tienen como equipaje un saldo negativo de inversiones en el Bien.

Aunque episódica, la depresión encaja en el panorama individual de quienes viven en un mundo de pruebas y expiaciones. Pero – y aquí reside su peligro devastador – no puede tener un refugio a largo plazo, y mucho menos permanente, en ninguna alma. Si esto sucede, cualquiera que sea la salida tenderá a ser errónea, porque la persona deprimida ya no controlará el rumbo, pasando a ser protegida negativamente por personajes que no están capacitados para guiar a nadie hacia el Bien.

– ¿Quiénes o qué fueron estos guías descalificados? Responden a una advertencia de Jesús y *"El Libro de los Espíritus"*:

– Jesús: *"Guardaos de los falsos profetas que vienen a vosotros vestidos de ovejas, pero por dentro son lobos rapaces"* - Mateo, 7:15;

– Pregunta n° 459: "Los espíritus – desencarnados – influyen en los pensamientos y acciones - de los encarnados - mucho más de lo que – éstos - imaginan. Influyen hasta tal punto que, ordinariamente, son ellos - los desencarnados - quienes dirigen. "

Éste es el grave peligro de la depresión: ¡perder el control mental de las acciones! Convertirse en un mero juguete en manos de otras mentes, en su mayoría infelices, si no vengadoras...

Todo ello sin ahondar en el vasto campo de los síndromes psíquicos, desde pequeñas manías que intermedian con las neurosis, evolucionando peligrosamente hacia psicosis, cuyo pico es maníaco–depresivo, en las que la violencia marca el tono de las acciones, generando tragedias.

Alessandra, con el cuerpo dañado por medicamentos cada vez más potentes y sumergida en la soledad de la que se creía víctima inocente, comenzó a planear una salida de este cuadrante existencial: el suicidio... Reflexionando que "si todo termina con la muerte" - Estoy considerando lo que tendría que perder si renunciara a la vida –, si esa era la vida que llevaba...

Unos meses se prolongaron dolorosamente para las dos parejas, y ambas parejas no se entendían entre sí dentro de los muros.

Adriano y Alessandra: él es alcohólico, ella es hipocondríaca. Con dificultades económicas y sin vida matrimonial, ni siquiera hablarse. Solo la idea del daño que le causaría a su hijo impidió que Alessandra terminara con su vida.

Felício y Elenise: neurosis de pánico, en él; decepción en ella. Él, víctima de una traición política, al no ser elegido diputado y perder su cargo de alcalde, fue derrotado de por vida... La vergüenza de enfrentarse a sus compatriotas lo llevó a entrar en el domicilio, de allí salió inútilmente.

Elenise, con dolor de oído crónico y socialmente humillada por la pérdida de su puesto de "primera dama", no perdonó a su marido, único culpable. Además, tuvo que compensar sus préstamos financieros por su desafortunada elección política, cuya campaña había sido costosa. En casa, bajo el mismo techo, vivían juntos, pero no se soportaban. La relación marido-mujer fue sustituida por algo así como la atmósfera de dos boxeadores que, antes del inicio de la pelea, se miran con resentimiento, se tocan ligeramente los guantes y luego se proponen, si es posible, masacrar al otro. Y si en el área el ataque es físico, entre la pareja los ataques eran mentales, mucho más demoledores.

Vivían sin mirarse a los ojos, siempre murmurando algo en voz baja. La única razón por la que no se separaron fue porque Felício calculadamente no quería, ya que su hija - su única hija - era la potencial heredera de una considerable fortuna. Con la excusa de no traumatizar a Lina, rechazó el divorcio propuesto por Elenise. Pero, incapaz de aceptar la derrota política, desde entonces no había salido de casa, hecho que culminó en una neurosis de pánico. No pasó mucho tiempo antes que contrajera una úlcera de estómago.

En cuanto a Alex y Lina, normalizaron sus actividades, él trabajando duro y ella dedicándose diligentemente a sus estudios.

Algunos jóvenes que querían salir con Lina desistieron porque ella ni siquiera les brindaba un minuto de atención, no por desprecio, sino porque en su alma estaba muy fuerte el ideal de graduarse en Medicina. Para ella, era salir o estudiar. Eligió estudiar. Asistía semanalmente a la Juventud Espírita.

Y así, el tiempo pasó, pasó...

~ 0 ~

Pasaron tres años.

La fuerza de la vida, la energía que impulsa el progreso y el destino inexorable de todos a evolucionar, siendo esta Ley Divina, hicieron que esas personas, en partículas, se trasladaran a otros niveles.

Los padres de Alex se divorciaron. Sobrevivieron gracias a la ayuda económica de su hijo, que siempre fue muy apreciado en los círculos artísticos. Adriano sufrió graves trastornos físicos y psíquicos. Alessandra también quedó atrapada en la red del alcoholismo, tanto o más que su marido, siendo ambos pacientes de repetidos ingresos hospitalarios para desintoxicarse...

Conociendo la música que tocaba la orquesta cuando su hijo resultó herido - *"La Laguna Dormida"* -, ambos, en alusión despectiva, culparon a Lina, a sus padres y a "todo ese pueblito de ranas" de la dolorosa soledad y ruina existencial a la que ellos mismos se entregaron.

Alex, como un sol, brilló intensamente en el mundo de la televisión, el teatro, el cine y la publicidad. El hecho que hace tres años estuviera entre la vida y la muerte había supuesto desde entonces un impulso extraordinario para su carrera artística, ya que el ser humano, en el fondo de su alma, siempre está obsesionado con las tragedias. Y el que le llegó a Alex, en el fatídico baile, le dio más atención popular que mil capítulos de la telenovela más famosa en la que él era el protagonista principal.

Entonces, de alguna manera, parte de su ahora gran fama se la debió a Lina.

~ 0 ~

Como la úlcera de Felício empeoró, el Doctor Mário recomendó tratamiento en un hospital de la Capital. De hecho, desde hacía algún tiempo Elenise también recibía asesoramiento médico para un tratamiento especializado en otorrinolaringología, que no existía en su ciudad. Felício utilizó estos argumentos para proponerle a su esposa que se mudara de esa ciudad.

Sin embargo, lo que decidió a la familia a mudarse fue el hecho que Lina había terminado la escuela secundaria, había tomado el examen de ingreso a Medicina y fue aprobada, a pesar que allí no existía tal universidad.

Los padres de Elenise aprobaron el cambio y la apadrinaron. Todos estos hechos, similares a la rara alineación de éstas, llevaron a esa familia a la gran ciudad.

¿Definitivamente? Solo el tiempo respondería...

Entonces, así como un día los tres regresaron de la Capital, dejándola atrás, ahora tomaron el camino contrario.

En el corazón de Lina no había angustia alguna y el afecto sufrido que una vez había sentido por Alex ahora fue reemplazado por un ideal emocionado de ser médico.

6. Tejido Divino

"El hombre propone, Dios dispone."

Este proverbio, si se analiza desde uno de los enfoques espíritas – el filosófico, en este caso – puede bien entenderse como prueba de la incuestionable elaboración de los guiones existenciales de cada ser humano, antes de cada existencia terrena.

Es una certeza espiritual que el azar no existe.

Las llamadas "coincidencias de la vida" reflejan una intervención inimaginable en el tejido de las redes de la vida – corpórea, terrenal – realizadas por maestros minuciosos, adaptando textura, patrón y dimensiones en la pieza que cada alumno va tejiendo para sí mismo.

Los profesores solo buscan el progreso de sus alumnos...

A medida que la criatura vaya acumulando experiencias, resultantes de sus buenos o malos actos en la vida presente, además del equilibrio en las anteriores, ella misma equiparará el telar de la vida con la lana que la cobijará en su(s) vida(s) futura(s).

Ésta es una de las reglas del tejido divino de los procesos de reencarnación, con sus respectivos programas: colocar a cada persona en el hogar donde convivirá con personas indeleblemente ligadas a ella. En esta convivencia, a veces como ascendente, a veces como descendiente, encontrarás múltiples oportunidades para sustituir la sequedad por la suavidad, la acidez por la dulzura, la indiferencia por la atención, la grosería por la delicadeza, el maltrato por la protección, la deuda por el crédito; en definitiva: la venganza por el ¡perdón; es decir, odio por amor! Éste, en términos generales, es el esquema divino del propósito de un hogar: la búsqueda de la felicidad, todos los espíritus allí reunidos apoyándose y siendo apoyados, recíprocamente.

Por lo tanto, la "cigüeña" nunca se equivoca de dirección: si las puertas están cerradas para ella, siempre habrá una "entrada secreta" que solo ellas - las cigüeñas - conocen, por medio de la cual un espíritu encarnado, lejos de la sangre, aterrizará allí...

Nunca digas "por casualidad." ¡No! Hay que entender, de una vez por todas, que el caso de los niños adoptados es el resultado de un extraordinario movimiento espiritual llevado a cabo para que dicho apoyo pueda prosperar. Un regalo que nunca debe desperdiciarse, he aquí, una nueva oportunidad puede tardar siglos en repetirse...

Sí: son los espíritus siderales, representantes de Jesús, los encargados por el Creador de aprobar los programas de reencarnación de cada uno de nosotros. Cuando tenemos mérito que pedir, nuestras peticiones se ajustan inicialmente a las sugerencias equilibradas de los tutores espirituales más cercanos a nosotros. Éstos, a su vez, los reenvían a un escalón moral superior, de donde regresan aprobados íntegramente o con uno u otro cambio.

Lo que sucederá en cada una de nuestras vidas físicas recibe un doble análisis beneficioso, y a nosotros nos corresponde comprender que la Justicia Divina estuvo, está y estará siempre presente en todo.

Los cambios en dichos itinerarios deben dejarse únicamente a nuestra libre voluntad...

Así se forman las familias: ¡con discernimiento infalible!

~ 0 ~

La Universidad Estatal estaba a tope, con tantos estudiantes y profesores circulando por allí, desde la secretaría hasta la junta directiva.

Nadie en el mundo podrá decir quién quedó más asombrado, si él o ella. No se habían visto desde hacía unos tres años. Y en ese tiempo, ¡cómo cambiaron ambos de apariencia!

Ella, de ser una adolescente "un poco aburrida", pasó a ser una hermosa mujer, con dieciocho años, cuya postura, mirada y gestos sintetizaban crecimiento interior y exterior. Atractiva, vivaz y haciendo gala de salud, que su hermoso cuerpo avalaba, realmente llamaba la atención, pues había impreso en su rostro, aunque juvenil, la serenidad de la paz íntima, con esos inolvidables ojos color turmalina que expresan un aire de misterio.

Él, una persona sencilla, de esas que casi siempre pasan desapercibidas, ahora tenía impreso en su rostro algo poderoso, además de confianza en sí mismo, resultando en cierta atracción por el sexo opuesto... También físicamente el tiempo había sido generoso con él. De joven delgado, se había transformado en un hombre fuerte, como lo demostraba su vestimenta deportiva.

Cuando vivían en la misma ciudad, ni siquiera habían intercambiado una sola frase. No era culpa suya, porque en verdad lo que más deseaba era poder hablar con ella, estar cerca de ella al menos unos momentos más, más allá de aquellos en los que la atendía, en términos puramente profesionales. Cuando intentó acercarse a ella, durante "esa crisis" se lo había impedido, no solo su padre, sino también ella misma, que ni siquiera se había dignado a agradecerle su incondicional oferta de apoyo. Nunca había olvidado que para ella y sus padres él representaba poco más que cero en la escala social... Eso le había dolido mucho. Tanto es así, que abandonó esa ciudad dos meses después del "problema en el baile", trasladándose a la Capital, donde también se fue a trabajar a un club social.

A veces el momento de...

Como allí, cuando Lina conoció a Daniel.

Como se puede ver, el "destino" da vueltas y vueltas, a veces incluso piruetas y saltos mortales para que los itinerarios de las personas avancen, según términos previamente establecidos todavía en espiritualidad. Aunque se desconoce, ciertamente habría alguna razón para que Daniel y Lina se acercaran...

Sus miradas se encontraron y en el mismo momento Lina recordó esa mirada. Sabía que lo conocía. Pero, ¿de dónde?

Mientras él la miraba fijamente, ella tomó la iniciativa, ganando tiempo para recordar quién era ese chico:

– Hola ¿estás aquí? Qué coincidencia...

Como si estuviera momentáneamente fuera de contexto, Daniel apenas pudo articular nada para responder. La figura de Lina, junto a él.

Delante reavivó la pasión que creía muerta, pero que despertó repentinamente, haciendo que su sangre "hirviera" en sus venas, como un volcán segundos antes de entrar en erupción.

Lina, ante el silencio deliberado del chico y sin poder conseguir que la memoria la ayudara, fue directa:

– Tu nombre... ¿cuál es?

"Por Dios - pensó Daniel -, ella ni siquiera sabe mi nombre." El chico extendió su mano.

Más por etiqueta que por deseo, Lina correspondió.

De la mano, uniendo auras, la simbiosis del magnetismo de cada uno resultó en sensaciones dispares: en él de pasión y en ella de breve aturdimiento, al no soltarle la mano... Cuando él continuó sosteniendo su mano, mirándola con una mirada cautivadora, entre astuta e inocente, ella lo obligó a soltarla. Le dijo, con cuidado:

– No me malinterpretes, pero ¿dónde nos conocimos? ¿O no nos conocemos?

El joven volvió a sentir, después de tres años, esa horrible sensación térmica del "frío Felício", como llamó a la lamentable forma en que fue tratado, cuando luego intentó acercarse a ella.

Pero ahora los tiempos eran diferentes. Y él también...

De hecho, con gran dificultad y a costa de inmensos sacrificios, en estos tres años había cuidado su cuerpo, a veces atlético, aprovechando sus momentos libres, ejercitándose en su nuevo lugar de trabajo: otro club. Y con el cuerpo en forma, el espíritu había perdido su complejo de inferioridad. Se comportó como un gato juguetón:

– A ver si encuentras la respuesta en tu memoria...

Lina no esperaba esta reacción, algo jocosa, algo provocativa. Su idea era escuchar su voz y tratar de recordar dónde lo conocía. Pero no recordaba esa voz. Él dijo:

- Conozco a tanta gente...

Tomó aire para oxigenar un poco más su cerebro y así ganar algo más de tiempo. El cerebro; sin embargo, trabajaba "a un kilómetro por minuto", pero la memoria no respondía, insistiendo en no pegarse.

Lina no recordaba su nombre porque, en realidad, nunca lo había sabido.

De diez mujeres en la misma situación, diez actúan o actuarán siempre así: con encantadora e instintiva cautela.

Daniel, por su parte, ya no se consideraba "de abajo", por lo que tampoco se dejó atrapar en la hipotética superioridad social de Lina y mucho menos en las artimañas femeninas. Desafiando:

- Hermosa "hada", te daré un helado, si recuerdas dónde nos conocimos.

La alusión al "hada" desencadenó el recuerdo que finalmente liberó el recuerdo:

- En el Club... Estabas... - Interrumpió, porque si continuaba completaría algo así como: "el camarero que recogía los platos y vasos usados."

Daniel, con su personalidad sólidamente instalada en el presente, no permitió que el pasado amenazara siquiera su acercamiento con quien un día habitó su mente durante días y noches innumerables. Y ahora apareció como un fruto apetitoso para ser cosechado por él...

- ¿... yo era...?
- Tú... trabajabas allí...
- ¿Mi nombre?
- Déjame ver... déjame ver...

En un gesto espontáneo, a la vez cortés y fácilmente interpretado como una disculpa, Lina extendió las manos y, tomando la mano derecha de Daniel, se rindió:

– No te ofendas, pero no recuerdo tu nombre.

"¿Alguna vez supo mi nombre, solo para olvidarlo? Por supuesto que no lo sabe. ¿Por qué, de hecho, debería saberlo?"

Con estas reflexiones, Daniel colocó suavemente su mano izquierda en las manos que sostenían la derecha. Mirando a Lina, siempre con simpatía, ahora fue él quien, manos en manos y ojos en ojos, se rindió:

– No te disculpes, Lina...

– ¡Sabes mi nombre!

– ¿Como podría olvidarlo?

Para ella, los contactos anteriores con él eran insignificantes e incluso inexistentes para su atención. Pero, con el recuerdo del baile en el que debutó, tres años después, ahora concentrado con ardor durante no más de tres minutos, tuvo la sensación de revivir aquellos momentos del pasado... Solo que entonces, ella era la uno mirando a alguien de la misma manera que la miraban a ella ahora... Alguien para quien ella no representaba nada, tanto como la persona con la que ahora estaba hablando no tenía significado para ella.

Capitulando:

– Perdóname, pero realmente no recuerdo tu nombre.

– Daniel...

– ¡Ay, Daniel, qué cambiado estás!

– ¡Tú también, Lina! Pero hay algo que no ha cambiado en mí...

Dándose cuenta que algo, bastante personal por parte de Daniel, estaba acercándose, Lina le soltó las manos, en un gesto de prudencia y moderación ante cualquier avance íntimo. De hecho, no terminó la frase. Solo bromeó:

– Como solo acertaste en una parte sobre mí, te voy a dejar tomar solo medio helado.

Lina no intentó descubrir cuál era la "otra parte" de Daniel. Fueron a la cantina, cogieron su helado y fueron a probarlo, a la sombra de una sibipiruna adornada, con tantas flores. Ya relajado, Daniel narró su vida, afirmando que estudió Derecho. Sus ojos brillaron cuando habló de sus sueños para el futuro:

– Si Dios quiere, cuando me gradúe tendré mi propia firma y ¡tendré mucho éxito!

De repente, Lina se dio cuenta que estaba escuchando a un extraño hablar sobre ideales. Extraño, sí, porque ese joven nunca había estado en sus pensamientos y hacía apenas unos minutos que hablaba con él por primera vez. Lo que más la intrigó fue el hecho que lo que dijo, por magia oculta, pareció colocarla en el centro de gravedad de eventos pasados, presentes e incluso futuros de su vida... Positivamente, eso era anormal: no era prudente dedicar "tanta atención" a un extraño. Levantándose bruscamente, interrumpió su ensoñación:

– Necesito irme.

– Pero... ni siquiera sé qué estás haciendo aquí...

Lina quiso responder: "¿Qué tiene de malo eso?", pero se limitó a decir que había venido a formalizar mi matrícula en la Facultad de Medicina. Daniel disparó:

– ¿Entonces nos veremos todos los días?

Una vez más Lina percibió el inconveniente en las palabras del joven; sin embargo, con cierta astucia, lo dejó en suspenso:

– Quién sabe... quién sabe...

Cuando se despidieron, algo había cambiado en ambos.

En él, el presente lo había felicitado por aquel encuentro que un pasado no tan lejano se había encargado de negarle. Con la sangre corriendo por sus venas, el futuro parecía prometedor, dada la expectativa de estar cerca de Lina todos los días.

En ella, un torbellino visitó su mente, provocando confusión en su alma, ante fuertes sentimientos de controversia: atracción, seguida de repulsión; deseo de volver a su presencia, generando miedo; esperanza de una buena parte de la felicidad, pronto empañada por una intuición de peligro...

Lina pensaba mucho en él.

Pero, si hasta entonces no había existido en ningún aspecto de su vida, por insignificante que fuera, ¿cómo apareció de repente, surgido prácticamente "de la nada", para ocupar sus pensamientos que no salían día y noche, noche y día?

Las siguientes tres semanas fueron tormentosas para ambos. Por mucho que lo intentaran, el recuerdo de uno no salía de la mente del otro, en permanente reciprocidad.

Lina fijó la idea en Daniel sin definir lo que había sentido desde que lo vio, en esta nueva etapa: ¿la perspectiva de un romance o un encuentro con su propio pasado, en el que él no tenía ningún papel en su vida? Su indefinición fue el resultado de advertencias indescifrables que surgieron de su alma, alertándola de un peligro oculto que acechaba a su alrededor...

En cuanto a Daniel, en un espíritu de amor propio que justificaba como prudencia, contuvo el impulso de buscar a Lina. Quería verla. Quería estar con ella. Necesitaba urgentemente permanecer cerca de ella al menos durante un minuto. O... ¿quién sabe...? ¡Incluso para siempre! Pero, ¿cómo buscarla? ¿Cómo lo recibirían sus padres? Ellos eran ricos y él era pobre... Atreverse a luchar contra el "frío Felício", con lo llama ardiente en sus sentimientos, podría separarla de él para siempre. No podría correr tal riesgo. Lina, ante el inesperado y al mismo tiempo tan inquietante encuentro con Daniel, no pudo evitar que su alma se zambullera en el pasado, remontándose tres años atrás. Esta inmersión la asfixió, ya que no pudo subir a la superficie; es decir, a la realidad del presente. Los recuerdos de la triste noche en la que debutó pisotearon su paz, como si estuviera bajo una avalancha de nieve...

Reviviendo los acontecimientos que siguieron al baile "de hadas", Lina recordó cómo había sufrido durante un año, hasta que se deshizo del peligroso virus de los celos. Sí, los celos... de Alex, desde el primer momento en que lo vio, imaginando – solo imaginando – que él se convertiría en su novio, ni siquiera admitió que bailaba con cada una de las debutantes, esto fue causa inmediata de tormento, pues cuando ella lo cuestionó, no fue porque estuviera bebiendo, sino porque no estaba bailando... con ella.

Después, con todo el conflicto que estalló por su culpa, no pudo aceptar mirar televisión y verlo derritiéndose de pasión, amor, deseos y cariño con otras jóvenes, olvidando que todo eso eran solo escenas teatrales. Y que las jóvenes eran solo profesionales de la televisión. Recordó que no había salido con nadie desde entonces.

Sufrió tanto por la "traición" de "su" Alex que el tiempo hizo que desaparecieran de su alma las esperanzas equivocadas que algún día él sería suyo. Tuvo que pasar un año hasta que su imagen se desvaneció, hasta eclipsarse a sí mismo.

Por eso, cuando ahora pensaba en Daniel, se encontró preguntándose: "¿Qué derecho tiene Alex a venir desde tan lejos en el tiempo e invadir mi mente, trayendo recuerdos de un amor que no prosperó, porque desde el principio fue unilateral; es decir, solo mío? ¿Qué derecho tiene a molestarme ahora, aunque sea sin querer?

Pero su corazón insistía en preguntar: "Alex... Alex... ¿dónde estarías ahora? ¿Cómo estarás...?"

Cuando lograba salir de tales reminiscencias, tenía la impresión de estar haciendo equilibrios en medio de una cuerda floja, con Alex en un extremo y Daniel en el otro. Tuvo ante sí la absurda impresión que, de las cenizas del pasado, dos débiles llamas, una a cada extremo de esta imaginaria cuerda floja, acercándose a ella, amenazaban con incendiar su presente.

En estas tres semanas, desde que vio a Daniel, en un momento u otro, surgieron anhelos románticos hasta entonces ocultos. "Pero – pensé– ¿cómo, si él no es más que 'un don nadie ilustre' en su vida?"

7. Tamborines de la Estrella D'Alva

Una noche, mientras yacía, sumergida en tantas dudas, se le ocurrió buscar respuestas en una solución providencial: ¡rezar! De hecho, le pidió a Dios que la ayudara a aclarar sus sentimientos. Allí, la oración fue respondida a través de uno de los supervisores de los "tejedores del destino" - altos espíritus, los mismos que habían aprobado los planes de reencarnación de ella, su familia y varias personas vinculadas a su existencia -. Este supervisor, como todo espíritu protector, respetando el libre albedrío individual, pero con miras al bien colectivo, utilizó su autoridad meritoria y fraternal, delegando mayor proximidad a los espíritus auxiliares. Pronto sucederían varias "coincidencias" en la vida de ese grupo de personas...

Inmediatamente, Lina, bajo influencias beneficiosas, sintió sueño.

Pronto se quedó dormida, teniendo la impresión de oír un delicado redoble de tambor.

Tuvo un sueño diferente: dos desconocidos se le acercaban, uno a cada lado. No los identificó, pero los conocía como amigos. Cada uno tomó su mano y de manera suave y placentera, comenzaron a moverse hacia el techo, sin poder explicar cómo, ¡ella sabía, en el fondo, que fácilmente lo traspasaría! Y eso es lo que realmente sucedió: el techo de su habitación parecía humo, al pasar a través de él, pronto quedó deslumbrada por el cielo estrellado. ¡Nunca había visto una visión así! Ella siguió subiendo, subiendo... Siempre apoyada por los dos desconocidos, que no le soltaban las manos, en ese magnífico paseo aéreo. Uno de ellos la miró con cariño y sin abrir la boca, solo mentalmente, le explicó:

– ¡Confía en Jesús! Tu visión se intensifica porque ahora estás momentáneamente libre de tu cuerpo físico. Pronto volverás a él...

Lina, sintiendo que podía comunicarse a través del pensamiento, preguntó:

– Pero... ¿a dónde vamos?

El otro guardián espiritual la envolvió en una mirada tierna y, todavía pensativo, la tranquilizó:

– Antes de responder, agradece esta sublime oportunidad.

– ¡¿Agradecer?! ¿A quién?

– ¡A Jesús!

– ¡¿Jesús?!

– Sí: es Él quien nos permite la bendición de sostener a los enfermos del alma y del cuerpo.

– ¿Quiénes son ustedes?

– Para todos los efectos, nos llamamos "cornetas." Yo soy el pandero Joel y él es el pandero Rodrigues. Esta calificación surge de una observación sobre los tambores que dejan de sonar cuando los soldados están despiertos...[6] Formamos parte de un equipo de voluntarios que atiende a personas necesitadas, casi siempre hasta el amanecer. Estás invitada a ser parte de este equipo.

– ¡¿Yo?! Pero ni siquiera entré a la Facultad de Medicina...

– El servicio que podemos prestar no depende de los títulos, sino de la buena voluntad, la perseverancia y, sobre todo, el sentimiento de caridad hacia los demás – afirmó Joel.

---

[6] Cornetas que despiertan a los soldados: referencia a *"El Libro de los Médiums"*, 2ª Parte, Capítulo V, n° 86, donde el autor, Allan Kardec, comenta que "Ya no se toca la corneta para despertar a los soldados cuando ya están a pie", en alusión a los médiums que aun no han "despertado" a su compromiso con la mediumnidad.

– Lo dijiste en equipo. ¿Quiénes son los demás?

– Somos un grupo de veinte personas. A veces hay más, a veces menos – siguió respondiendo Joel.

– ¿Y dónde están los demás?

– Bueno... en estos momentos son ocho desencarnados y doce encarnados.

– ¡Dios mío! ¿Estás tratando de decirme que... estás... muerto?

– Si te refieres al cuerpo físico, sí, ni Rodrigues ni yo tenemos ya nuestro cuerpo físico, que murió. Pero como puedes ver, estamos muy vivos, como tú. Nosotros, en espíritu y ustedes en espíritu, revestidos del organismo físico. ¡Y los espíritus son inmortales, por obra y gracia de Dios!

– Pero, ¿cómo pueden los encarnados ser parte de tu grupo?

– De la misma manera que estás aquí ahora: en espíritu, con tu cuerpo permaneciendo en reposo. Rodrigues y yo somos responsables de la seguridad de los trabajadores encarnados. Cuando están dispuestos, porque no siempre están en condiciones de ayudar, ambos vamos a donde viven y tocamos la corneta. Si nos atienden, pronto se unen a nosotros, en espíritu, y luego los llevamos a los lugares donde están los enfermos.

– ¿Y dónde están los enfermos?

– Atendemos a personas encarnadas y especialmente a personas desencarnadas, todas necesitadas. En cuanto a los encarnados, esperamos que duerman para que en espíritu nos vean y podamos hablar con ellos. En cuanto a los desencarnados, casi siempre se encuentran en regiones con poca luz, poco aire, pero mucha angustia, mucho sufrimiento... Acudimos a ellos y si aceptan, les brindamos los primeros auxilios, prometiéndoles regresar. para llevarlos a lugares adecuados para ellos, lugares de servicio...

– ¿Qué quieres decir con "lugares de servicio"?

– Nos referimos a ambientes religiosos de caridad, como los Centros Espíritas.

– En ese caso, ¿por qué no se llevan al paciente inmediatamente?

– Porque el horario siempre es temprano en la mañana y el servicio en los Centros Espíritas generalmente se realiza por la noche, en reuniones mediales para asistir a los desencarnados necesitados. Una vez realizado el primer contacto, en la posible noche, el asistente encarnado, que es un médium de transporte[7], es ayudado por nosotros a realizar un despliegue [8] y juntos nos dirigimos a ese lugar ya visitado, donde la persona asistida ya nos conoce y sin demora acepta viajar, momento en el que los socorristas lo llevan al Centro Espírita. Allí, a través de la mediumnidad de la psicofonía[9], un médium prestará su voz y le contará sus problemas y le expresará sus dolores, será atendido por el equipo de médiums encarnados, con aclaraciones evangélicas y transfusión de energías renovadoras.

---

[7] Médium de transporte: alguien que tiene la capacidad de trasladarse espiritualmente - en estado de sonambulismo - a otro lugar, generalmente donde hay un espíritu necesitado, a quien le lleva asistencia espiritual o le ayuda a ser retirado para la reunión mediúmnica, donde el médium está llevando a cabo dicha actividad. Los médiums de transporte también pueden proporcionar fluidos a los espíritus para que los objetos puedan ser transportados de un lugar a otro, independientemente de las distancias.

[8] Despliegue: Llamado sonambulismo, de Allan Kardec – *El Libro de los Médiums*, 2ª Parte, Capítulo XIV, núms. 172 a 174. Es el acto del espíritu de desprenderse del cuerpo físico y dirigirse a otros lugares, el plano espiritual o material. Al realizar tareas de cuidado, estudios o trabajos guiados por espíritus protectores, siempre estarán bajo la protección de un guardián espiritual. El cuerpo físico permanece prácticamente inmóvil.

[9] Psicofonía: Mediumnidad en la que el médium presta su voz al Espíritu comunicante. El médium casi siempre desconoce lo que dice, habla de temas ajenos a su conocimiento y tiene poca memoria de lo que dijo; por lo tanto, puede filtrar sus palabras para no pronunciar ninguna incorrección.

– Y yo… ¿Cómo podría… ser parte de todo esto?

– En tu caso, tuvimos permiso para levantarte de tu cama porque en otras ocasiones la corneta no era escuchada por ti… Porque ahora estamos en espíritu, tú y nosotros, pudimos atravesar paredes.

– ¡¿Cuándo… tocaste la corneta cerca de mí?!

– ¿Ya olvidaste las dos veces que fue necesario levantarte en cuerpo y espíritu, allí en la Capilla? Sin embargo, el médium, era inconsciente que Alex necesitaba sangre y después de ese momento cuando sintió sed. ¿Recuerdas cómo todas estas veces tu cuerpo entró en un ligero letargo, como una breve siesta?

– Entonces… ¡¿ustedes fueron quienes hicieron eso?! A día de hoy todavía me cuesta creer lo que me pasó…

– Sí, participamos. Alaíde también colaboró, aportando energías especiales. De hecho, si realmente quieres saberlo, ella también colaboró con nosotros cuando te llevamos al hospital, el día que

– Todo fue un sueño, como este momento. Debo estar soñando… No puedo creerlo todo.

– ¿Y qué está pasando ahora? ¿Tampoco lo crees? Pues bien, en un momento te demostraremos que todo esto es real.

Rodrigues la miró con inmensa ternura y dijo:

– Si aceptas la invitación que te traemos, pronto nos volveremos a encontrar, como ahora, y entonces podremos transmitirte instrucciones.

– Dices que traes una invitación para mí… ¿De quién?

– ¡De Jesús!

Luego, los "cornetas" llevaron a Lina de regreso a su habitación y con gran asombro vio su cuerpo dormido. En el mismo momento sintió que "entraba" en él y se despertó, escuchando todavía la última palabra de Rodrigues.

En la memoria espiritual el "sueño" era integral, pero en la física era solo un recuerdo vago. El recuerdo del "giro astral", de los dos "cornetas" y de lo que les había hablado.

Recordó haber caminado en compañía de dos jóvenes, por quienes sentía una gran simpatía.

Sintiéndose tranquila, en paz y con un bienestar poco común, dirigió su pensamiento a Jesús y murmuró:

- "Oh, mi buen Jesús, cuánto te agradezco por este maravilloso sueño. Cuando me gradúe tengo muchas ganas de trabajar para los enfermos."

Se quedó dormida otra vez.

Durante algunas mañanas más, se despertó de buen humor, con vagos recuerdos de haber conocido a otras personas, formando un equipo que llevaba ayuda a personas hospitalizadas. Cada vez que se desconectaba de su cuerpo físico, los dos guardianes la recibían. Al principio, en algunos de estos "giros astrales" -ahora sola al dormir. Lina solo observaba lo que hacían los demás miembros del equipo de rescate, normalmente en los hospitales, rara vez en las casas. Pronto le pidió que participara también en la atención a los enfermos, "aunque todavía no era Doctora." Luego, los cornetas le enseñaron a rezar un "Padre Nuestro" por los enfermos, colocando las manos cerca de sus cabezas. ¡Con una alegría indescriptible en su corazón, vio que los pacientes estaban mejorando! ¡Y ella no era Doctora!...

Una noche inolvidable, justo después de quedarse dormida, Joel y Rodrigues, más felices que de costumbre, le prometieron una gran sorpresa: Lina conocería al responsable de los "Tambores de la Estrella D'Alva", como se llamaba al equipo en el que ella trabajaba.

De hecho, Joel le presentó al responsable:

– Lina, esta es nuestra jefa, "la samaritana número dos."

Una bella dama, que aparentaba cuarenta años, abrazó a Lina afectuosamente, dándole la bienvenida:

– Estamos contentos, muy contentos, con tu participación.

A Lina le gustó al instante y pronto se dio cuenta que la simple presencia de esa mujer energizaba a todo el equipo, demostrando liderazgo. Como siempre, rezaron una oración y partieron en una caravana solidaria. Lina tenía curiosidad por saber por qué a su jefe la llamaban "la samaritana número dos." En cuanto tuvo este pensamiento, Joel acudió en su ayuda, respondiendo: "Nuestro patrón, por respeto al Evangelio, nos pidió que la llamáramos "Samaritana número dos", en humilde homenaje a la mujer que tanto admira y a quien Jesús, en el Pozo de Samaria, pidió agua, ofreciendo también agua viva, no en vano Jesús le dijo a aquella mujer que del agua que ofrecía - sus enseñanzas -, quien la bebiese nunca sentiría sed, habiendo aceptado Ella, en la recomendación del Maestro, en auténtica conversión, pasó a ser para siempre "la número uno."[10]

Tal petición de nuestra jefa sugiere que ella también se habrá convertido, en algún rincón perdido del tiempo...

Esta vez, con la presencia de la admirable mujer, un hecho impresionó sobre todo a Lina: al final de la oración, un signo luminoso fue dibujado sobre el grupo, en forma de banderín drapeado, de color verde esmeralda, con el palabras: "Este banderín se movía frente al grupo y mientras se brindaba la ayuda, en una habitación de hospital o en una casa, se fijaba en el techo, expulsando chispas también en color verde esmeralda."

Una noche Lina se fue a dormir pensando en Alex y Daniel, sin definir exactamente lo que sentía por uno u otro. Se sintió atraída por ambos, pero algo le dijo que no era amor. ¿Qué fue entonces? ¿Y por qué la invadió un vago miedo cuando pensó en Daniel?

Tan pronto como se quedó dormida, los dos guardianes la recibieron. Rodrigues le dijo:

---

[10] Juan 4:1–42

- El amor es hermoso, indispensable, pero cuando la pasión es mayor que él, eso no es bueno...

- Tú... te refieres a...

- Exacto, querida amiga, me refiero a tu pensamiento fijo en esos dos.

- No sé cuál yo...

- Lina, Lina, en estas cosas del corazón, Dios siempre sostiene a quien ama de verdad.

- Pero ni siquiera sé si realmente amo... a uno o al otro...

- Realmente podemos amar a muchas personas. Ese no es el caso de Alex y Daniel. A raíz de las emociones que estallan en la adolescencia y la juventud, casi todos "pensamos" que estamos ante el "amor de nuestras vidas." Y eso, muchas veces...

- ¿Cómo puedes adivinar cuál es real?

- Esto no son conjeturas. Los planes de Dios para nuestro bien están diseñados con tanta sabiduría y amor que la unión de dos seres que se aman se produce en circunstancias casi ineludibles, favoreciendo su futuro en convivir en su propio hogar y formar una familia. Y la familia es una institución divina.

- Entonces yo...

- Sí... deja que el corazón decida. En el momento adecuado, grita tan fuerte al alma que silencia cualquier otro sentimiento con la dirección equivocada - El guardián miró profundamente a Lina y concluyó:

- Contigo no será diferente. Cuando menos lo esperes, sin los pies en la tierra, el amor llamará a la puerta de tu corazón. Y no olvides agradecer a tu espíritu protector lo mucho que te ha ayudado.

- ¿Quieres decir... mi ángel de la guarda?

- Llámalo como quieras, pero piensa en él como un ayudante en momentos difíciles. De hecho, siempre nos hemos dirigido a ti a petición suya, considerando sobre todo tus méritos.

Él está permanentemente en sintonía contigo, mientras que con nosotros dos solo ocasionalmente, como ahora.

Joel, con los ojos brillantes, le dijo a Lina:

– Cuando Dios lo permita, a Rodrigues y a mí nos gustaría pasar más tiempo contigo y con alguien más.

Enigmáticamente, Rodrigues confirmó:

– Mucho más tiempo...

Cuando Lina despertó solo recordó que había estado con dos amigos y que de alguna manera ellos la calmaron, disipando la duda que atormentaba sus sentimientos.

El domingo siguiente, cuando se detuvo el autobús en el que Lina regresaba de un viaje al Jardín Botánico, vio a Alaíde, que subía al autobús. Sin contener la emoción exclamó:

– ¡Alaíde!

– ¡Lina! – Respondió la enfermera, también sorprendida de ver a su amiga, después de casi tres años. Se abrazaron efusivamente, a la vista de los demás pasajeros.

– ¡Ay, Alaíde, cuánto tiempo! ¿Qué haces aquí en la Capital? ¿A dónde vas ahora? Dios mío, es un placer encontrarte.

– Lina: ¡qué linda estás! Estoy feliz de verte. Vine a hacer prácticas de enfermería a un hospital de esta ciudad y me quedé cerca de esa parada de autobús. Voy al hospital ahora, ya que es mi turno de noche. Este autobús para justo enfrente del hospital.

– Y en nuestra ciudad, ¿cómo les va a la gente de mi tiempo?

– Bueno, bueno, parece que hace un siglo que cambiaste. Todo es lo mismo.

– ¿Cuánto tiempo llevas en esta etapa?

– Dos semanas. La pasantía completa tiene una duración de tres meses.

– ¿Y ni siquiera fuiste a buscarnos?

– Es verdad, Lina. Nunca lo olvidé, ni a ti ni a tus padres. Pero mi pasantía es muy exigente. Como puedes ver, tengo compromisos incluso los domingos. Pero no volvería a nuestra ciudad sin antes hacerte una visita. Pero dime: ¿y tú qué has estado haciendo? ¿Estudiando mucho?

- Es verdad, estoy aprendiendo inglés. Aprobé el examen de ingreso a Medicina y las clases comenzarán pronto.

- ¡Alabado sea Dios! Tú tienes...

Alaíde interrumpió bruscamente la frase. Lina estaba asustada:

- ¡¿Por Dios, Alaíde, qué ibas a decir?!

- Ah, nada, nada...

- Ni modo: ahora vas a tener que decirme lo que tengo...

Alaíde reflexionó unos instantes. Entonces e dijo:

- Fue solo una impresión. No estoy en lo cierto.

- Por favor dime qué es.

- Este no es un tema para discutir aquí. Voy al hospital y hablamos otro día.

- ¡De ninguna manera! Me vas a contar esto hoy, sino no dormiré. Solo me rendiré si ya no eres mi amiga...

La amenaza, aunque afectuosa, funcionó:

- Está bien – dijo Alaíde –, hablemos. Pero no aquí.

- Me bajo contigo en la parada del hospital... - Lina notó el malestar de Alaíde. Se disculpó inmediatamente:

- Si voy a estorbar yendo al hospital, eso es para otro día.

- No es que... es que... hoy estaré muy ocupada de servicio.

- Así es, no insistiré. Cuando quieras y puedas, llámame y ven a visitarnos o concertamos una reunión.

Lina le dio su dirección y número de teléfono a su amiga.

- Bueno, Lina, ya casi llegamos. Estaba muy feliz con nuestro encuentro. Espera a que visite a tu familia. ¡Lo prometo!

"El destino" realmente tiene sus fibras entrelazando vidas... Cuando Alaíde ya se había bajado y el autobús había comenzado a moverse, Lina vio a Alex bajando de un vehículo en el estacionamiento de visitas del hospital. La emoción fue grande. Actuando por puro impulso, en una dimensión infinitesimal del tiempo, asoció su presencia allí con la de Alaíde, todo como un reflejo del pasado... del "baile de hadas..." de sus desarrollos...

"Pare", le gritó al conductor, quien obedeció. Saltando del vehículo, antes incluso que se detuviera por completo, Lina corrió hacia Alaíde que se alejaba. Ella la alcanzó, jadeando. Señaló en dirección a Alex, que acababa de ingresar al hospital, sin verlas. Ella exclamó:

– ¡Mira es Alex!

Incluso de un vistazo Alaíde lo vio. Avergonzada, murmuró:

– Sí. Es él.

– ¿Sabes qué hace aquí...? – La expresión algo asustada de Alaíde fue la respuesta.

– Ya sabes – dijo Lina, exigiendo –, por favor dime, ¿tiene algo que ver con lo que pasó? He estado soñando con sus padres que están enfermos y enojados conmigo, culpándome por su enfermedad. En estos sueños quería ayudarlos, pero siempre alguien me dice "aun no era el momento."

Alaíde se sorprendió, pero pronto se recuperó:

– Tranquila Lina. Hablemos, pero con calma, ¿vale? – La suave reprimenda tuvo su efecto.

– Lo siento – dijo Lina, más controlada, y agregó –. No pude contener mi sorpresa al ver a Alex...

– Tus sueños son correctos. Sus padres están hospitalizados aquí. Casi no lo podía creer cuando llegué a la pasantía y los encontré en cuidados intensivos. Y si encontrarlos no fuera suficiente, están justo en mi zona...

– Pero... pero... ¿qué tienen? ¿Cuál es su problema?

– Ambos se someten a un tratamiento de desintoxicación. El señor Adriano se volvió alcohólico y está gravemente enfermo. La madre de Alex empezó a tomar tantos medicamentos, sin receta, que su salud también se vio comprometida. Últimamente también se estaba emborrachando. Me imagino que hay algo que escapa a nuestro entendimiento entre ellos, porque al estar divorciados terminaron aquí en el mismo lugar y al mismo tiempo. Y, además, sorprendentemente, con el mismo problema: ¡cirrosis hepática!

– Entonces… por eso Alex está aquí: visitándolos.

– Sí, hoy es día de visitas y este es el momento.

– ¡Quiero verlos!

– ¡¿Qué?! ¡De ninguna manera!

– Me siento un poco culpable. Necesito visitarlos. ¡Por favor! ¿Quién sabe si ha llegado el momento de ayudarlos?

– Tú no tienes la culpa ni de su separación, ni de la enfermedad que atrajeron hacia sí mismos, a causa de la bebida, la hipocondría y, sobre todo, su intolerancia mutua. En cuanto a lo que pasó en el baile, hace tres años, eso nunca podría haber tenido consecuencias, porque Alex está curado. Fue Milton, quien disparó a Alex, fue juzgado y recibió una pena leve; es decir, prestar servicios a la Santa Casa, habiendo ya cumplido esa pena judicial. De hecho, por si no lo sabes, se casó con Catarina y tienen una hermosa hijita. En el juicio, Milton se disculpó con Alex...

– ¿Y lo perdonó?

– Sí. Fue un momento hermoso cuando el abogado de Milton recibió la carta de Alex, cerrando el caso y aceptando las disculpas. Tom... el alcalde que sucedió a tu padre... sugirió y logró que el tribunal aplicara una sentencia de ayuda comunitaria, allí en Santa Casa.

Lina se dirigió a la entrada del hospital y Alaíde no tuvo forma de detenerla. Le pidió que esperara hasta ir a la habitación del personal para ponerse el uniforme.

Los padres de Alex fueron hospitalizados a costa de su hijo, quienes habían recomendado a la administración brindarles la mejor atención y comodidad.

Alaíde se puso el uniforme y acompañó a Lina en la visita. Al llegar a la puerta del apartamento, Alaíde advirtió:

– ¿Estás lista? Debo advertirte que el ambiente entre los padres de Alex es difícil... muy difícil. Están muy enfermos, no se hablan y siempre están insultándose y no se soportan el uno al otro.

Lina tuvo un momento de incertidumbre, pensando en abandonar la situación. Sin embargo, de manera inexplicable para ella, se sintió invadida por un deseo indomable de ayudar a la pareja. Como extraído de su memoria profunda, en los dominios del inconsciente, lo visitó un vago recuerdo de un grupo de amigos, realizando tareas de rescate de enfermos. Ella pronunció:

– Tamborines de la Estrella d'Alva...

– ¿Qué? – Preguntó Alaíde, en desconcierto con eso.

– No fue nada. Ni siquiera sé por qué dije esas palabras – Decididamente, sin miedo alguno, siguió a Alaíde y con la llevó a la habitación. Alessandra estaba durmiendo.

Alex, arrodillado junto a la cama de su padre, con la cabeza hundida en el pecho, sollozaba.

Lina se acercó a la estrella de televisión. Bajo un impulso piadoso, consciente de lo que estaba haciendo, Lina tocó suavemente el hombro de Alex.

Muy lentamente, Alex se giró y la vio. Tres años habían cambiado mucho a Lina, mirándola con magnetismo y encanto, propio de personas decididas, además de mejorar su perfil, traduciendo todo en la imagen de una bella mujer. Alex vaciló. Tartamudeó:

– Tú... ¿me equivoco? Hace tres años...

– Sí, Alex, soy yo, Lina.

– ¡¿Qué quiere de nosotros?!

– Ojalá pudiera ayudar a tus padres.

– Pero... ¿eres médico?

No había ninguna ironía en la pregunta. Lina no se molestó:

– No, no soy médico; sin embargo, hay casos en los que cualquiera puede ayudar a los pacientes...

– Perdóname, no quiero ofenderte, pero mis padres están enfermos desde hace algún tiempo y están siendo tratados por los mejores médicos. En estos momentos, lejos de proporcionarles ayuda alguna, tu presencia podría incluso traerles más complicaciones.

En ese momento, como recuperándose del estado anestésico, Adriano abrió los ojos. Vio a Lina. Preguntó:

– ¿Quién es esta chica? ¿Qué haces aquí?

Al poco tiempo, despertándose completamente de su somnolencia, murmuró:

– Parece... que la conozco...

– Sí, papi, la conocemos...

– Soy Lina, señor Adriano. Vine aquí para...

– No creo en tanta petulancia – gritó Adriano, añadiendo: después de todo lo que nos hiciste... ¡Vete! – Alaíde estaba a punto de decir algo cuando Alessandra también se despertó e inmediatamente ordenó, en tono áspero:

– Deja de gritar.

Vio a su hijo, Alaíde y Lina. Alex preguntó:

– ¿Quién es esa?

– Ella es... – dudó. No le pareció prudente decir la verdad, sin embargo Lina se adelantó y respondió:

– Soy Lina, señora Alessandra. Vine a visitarlos.

– ¡Pedante! ¿Qué viniste a ver? ¿Nuestra muerte?

Alaíde actuó con sensatez, a la vez profesional y tranquilizadora: tomó la mano de Lina y la condujo fuera de la habitación. Incluso afuera, ambos escucharon los insultos de la pareja contra Lina.

Alex también salió y al verlos se disculpó:

– Perdona a mis padres, no se encuentran bien.

Dos lágrimas silenciosas de Lina testificaron a la estrella de televisión que Lina estaba conmovida y lo que la había llevado allí era en realidad el deseo sincero de ayudar a sus padres. En un gesto que el alma mandaba, Alex tomó sus manos y las besó, con insuperable ternura y reconocimiento, cuya sinceridad prohibía a quien lo viera otra interpretación o que se tratara de una simple repetición de alguna actuación del famoso galán.

El agradecimiento de Alex, al reconocer la bondad de Lina, actuó en su alma como un sol que aparece de repente en el horizonte, en un amanecer festivo. De hecho, en ese preciso momento, de magia y ternura, una certeza inquebrantable visitó el corazón de la joven, despejando por completo las brumas en las que se escondían sus verdaderos sentimientos por Alex. ¡Sí! Era querido en su memoria, pero solo como un hermoso sueño, en el que ella, entonces joven debutante, ante la bella paraninfa, se había comportado como una flor que, cuando floreciera, pretendía capturar el sol.

– Perdóname, Alex – dijo Lina, añadiendo: esta vez solo quiero ayudar...

Los tres sonrieron, aliviando cualquier vergüenza.

– Lo sé, lo sé – confirmó Alex, explicando pronto –, mis padres están de tal manera que nadie puede ni siquiera intercambiar una palabra con ellos, sin que surja discusión alguna. Están más enfermos en sus almas que en sus propios cuerpos...

– Así es – dijo Alaíde y agregó –, están nerviosos, impacientes. Incluso podrían curarse a sí mismos, si...

La enfermera consideró prudente no continuar. Pero Alex la instó a completar el pensamiento, después de todo, ella había sugerido alguna forma de cura.

– ¡Dilo por favor! – Preguntó Alex, reforzando: ¿cuéntanos qué pueden o deben hacer?

– Ante todo, reconciliarse. Luego orar a Dios, con resignación por las desgracias, pidiéndole fuerza para vencerlas, porque si la carne es débil y se entrega a los vicios, el espíritu es fuerte y la voluntad frena las malas tendencias induciendo al equilibrio.

– Considero que esto es tan poco y a la vez mucho... sin embargo, no veo cómo podrían hacer ambas cosas – dijo Alex, algo desanimado.

– ¡Deja que te ayude! – Exclamó Lina de repente.

– Pero, ¿cómo harías eso? – Le preguntó Alaíde. Lina decidió resueltamente:

– Dame quince minutos a solas con ellos.

– ¿Cuándo? – preguntó Alex.

– ¡Ahora mismo! ¡Tengo fe en Dios que todo estará bien! – Alex y Alaíde se miraron sorprendidos. Alex cedió:

– Está bien. Me quedaré afuera con Alaíde. Si lo necesitas o te pasa algún imprevisto, llámanos. De hecho, otras personas vendrán a visitar a mamá y papá...

Sin demora Lina abrió la puerta, entró y la volvió a cerrar. Ella misma no podía decir qué haría. Pensó en los amigos con los que soñaba - los "Tamborines de la Estrella d'Alva." Pensó en Jesús.

En voz alta, pero pensando en la pareja haciendo las paces, recuperando la salud, celebrando, rezó, en menos de un segundo, quizás la oración más rápida del mundo:

– "¡Dios!"

La pareja, todavía despotricando y blasfemando, podría haber esperado cualquier cosa excepto que Lina regresara en ese momento. Su presencia, instantes después de haber sido prácticamente ahuyentada por ellos, les provocó un fuerte impacto emocional, más por la tranquilidad que demostró la joven que por ella misma.

Cuando Adriano y Alessandra escucharon la palabra "Dios", sus insultos callaron.

Ni uno ni otro pudieron pronunciar una palabra.

Fue Lina quien ordenó: tomó una silla, la colocó en medio de las dos camas, se sentó en ella de espaldas a la pared y dijo:

– ¡Denme sus manos!

La orden fue incisiva. Sin una reacción inmediata, la pareja no se movió. Sin embargo, la mirada fija de Lina, ahora en uno, ahora en el otro, indicaba que "la orden" estaba vigente y debía ser cumplida por ellos. Sumando acción a las palabras, Lina abrió los brazos y extendió las manos de manera incitante, para que Adriano y Alessandra pudieran tomarla de la mano. Y eso fue lo que hicieron, porque en ese momento la joven irradiaba un fuerte magnetismo.

Tomando sus manos, Lina cerró los ojos.

Imbuido del sentimiento de caridad, su cuerpo apareció, en ese momento, como una turbina que generaba buenos fluidos que eran transferidos a los dos pacientes. Con la boca abierta, oyeron a la joven decir una sentida oración:

– "Amigo Jesús, médico de nuestras almas, Sublime Pastor, acógenos en tu rebaño, a nosotros que a veces nos comportamos como ovejas descarriadas. Sé que conoces nuestros límites y por eso estamos orando para que las fuerzas celestiales, provenientes de tu amor, nos enseñen a vencerlas. ¡Bendícenos, Divino Amigo!"

Mientras Lina oraba, marido y mujer comenzaron a percibir que de una manera muy agradable una corriente eléctrica recorría todo su ser. Hacía años que no sentían tal sensación de bienestar e incluso felicidad. Ellos también cerraron los ojos.

No existe fuerza espiritual sobre la faz de la Tierra – y quizás en todo el Universo – superior a la que proviene del mor. En el dicho poético de los sinceros arrepentidos, "las migajas del banquete celestial", cuando Dios las ofrece – y siempre lo son, no en migajas sino a puñados – a los hambrientos de amor, se asemejan al chorro de aguas cristalinas que encuentra el sediento peregrino, después de un largo camino de errores por los desiertos de la vida.

Conmocionados, pero de manera positiva, por la repentina energización espiritual recibida, Alessandra y Adriano, así como la propia Lina, no vieron nada, pero la habitación se llenó de luz astral. Allí aparecieron tres espíritus protectores, en aprobación instantánea de la oración que, al fin y al cabo, acababan de decir los tres, la joven en voz alta y la pareja, acompañándola en el pensamiento.

Los tres amigos de plano mayor eran la "samaritana número dos" y los dos guardianes por los que Lina, espiritualmente, sentía cada vez más cariño: Joel y Rodrigues.

Afuera, Alaíde también mantenía sus pensamientos centrados en Jesús.

Lina soltó las manos de los padres de Alex.

– ¡Santo Dios! – Murmuró Alessandra, cuando abrió los ojos y vio a Lina elevándose lentamente en el aire, con silla y todo.

Hasta donde ella sabía, por lo aprendido en el catecismo, solo los santos podían "flotar sobre el mundo." Le vinieron a la mente las lecciones del padre Matoso, citando los éxtasis aéreos con los que fueron agraciados los santos Pedro Alcântara, San Francisco Javier, San José de Cupertino y otros santos.

– ¡Por Cristo! – Gritó ahora Adriano, asombrado.

Nada de esto perturbó el ascenso de la joven que, con los ojos cerrados, señaló serenidad, elevándose hasta casi un metro, donde se estabilizó.

En una reacción instintiva, Alessandra y Adriano pusieron sus manos en las patas de la silla y la bajaron, al principio con cuidado y luego con todas las fuerzas de las que podían disponer. Ambos imaginaron que estaban salvando a la joven de un enorme peligro...

¡Ni siquiera lograron bajarlo ni un milímetro!

Alaíde y Alex, al escuchar algo diferente dentro de la habitación, abrieron la puerta a tiempo para ver también a Lina suspendida en el aire, a media altura.

Luego, con la misma suavidad con la que había subido, Lina bajó. Cuando la silla tocó el suelo abrió los ojos.

Ahora fue ella quien se sobresaltó al ver a cuatro personas frente a ella con la boca abierta y los ojos desorbitados. Investigado:

– Chicos: ¿qué pasó? - Nadie le respondió.

Tomó suavemente las manos de los padres de Alex e insistió:

– ¿Nadie me va a decir qué está pasando aquí? - Alaíde le dijo una palabra "en clave":

– Tuviste otra manifestación de "una de esas..."

– ¡Oh!, pensé que eso no volvería a suceder.

– No siempre controlamos estas cosas... Son nuestros amigos "de allá arriba" quienes deciden. Tocan las cornetas para despertar a los que aun duermen...

– Yo solo quería...

Al decir esto, Lina unió las manos de Adriano y Alessandra en un gesto que solo los pacificadores son capaces de hacer, debido a la fuerza de paz sin precedentes que los mueve y que irradia de ellos.

La pareja no se había tocado durante años.

El momento psicológico fue el escenario ideal, en el momento adecuado, para reconectar sentimientos entre ellos. Durante tantos años, muchas y muchas - incluso antes de ese problema con su hijo -, venían sufriendo heridas e insultos mutuos, hasta el punto de enfermar y perder el sentido de la vida.

La "samaritana número dos" y los guardianes, también con las manos entrelazadas, formaban una cadena por la que pasaban energías reparadoras que, en una transfusión de amor, fluían de ellos a la pareja, vía Lina; es decir, en un paso mixto – espiritual –, energías más el magnetismo del médium.

Adriano, un tanto vacilante, se levantó de la cama, fue a casa de Alessandra, se inclinó sobre su mujer y la abrazó. Ambos temblando.

– Perdóname, perdóname... – murmuró con ternura. Las lágrimas lo ahogaron.

Alessandra se envolvió en el abrazo, acunó la cabeza de su marido sobre su pecho y con una voz que apenas la obedecía, proclamó:

– ¿Perdonar qué, Dios mío? ¿De qué?

Llorando como no lo había hecho desde que tenía uso de razón, besó suavemente esa boca que en un pasado lejano le había dado tantas emociones...

Es realmente impresionante cómo hay sabiduría inalcanzable en el incesante avance del tiempo: surgió allí, para quienes tenían ganas de aprender y algo que filosofar, cómo la niñez, la juventud y la madurez se compenetran, siempre y cuando sean vividas siempre con amor, comenzando por la orientación de una moral sana y después, el equilibrio y la comunión de ideales.

Los labios, por ejemplo, son maravillas de la ingeniería divina: desde el nacimiento hasta la muerte, constituyen una puerta bendita al alimento, así como la entrada y salida del aire, además de ser parte del mecanismo universal de bendición de la palabra.

Y más:

– en la infancia, son una herramienta para descubrir el "por qué" del mundo, en forma de preguntas;

– en la juventud, hacer amistades e intercambiar infinitas experiencias con quienes tienen algo que enseñar o aprender en todos los sectores de la actividad humana;

– en el enamoramiento y en el noviazgo, con el corazón en el carro del amor, arrastrado por dulces sentimientos, los labios son los cocheros que lo conducen, con los amantes en ensueños y en declaraciones apasionadas, como "te amo", siendo los besos el testimonio, el sello;

– en el matrimonio, con el famoso "sí" se abren las cortinas del tiempo, hacia el futuro, llegue o no la paternidad/maternidad, y es deseable que la convivencia sea la suma de varias décadas en las que hay más "sí" que "no..." y siempre besos;

– en los besos: crean momentos que pueden recorrer todos los peldaños de la escalera de los sentimientos, pasando de la amistad a la pasión y de la fraternidad al amor en todos sus matices, sublimándose en la más alta de sus expresiones, que es el amor universal;

– en la madurez, cuando el verbo debe exudar experiencia y compañía de vida, adaptando la intensidad de la pasión que alguna vez ardió, son los labios los que, a través de palabras amigas y suaves caricias, proclaman la plenitud de la existencia a dos que cometieron errores, perdonaron si sufrieron, fueron felices, pero sobre todo crecieron y se amaron.

– ¡Abuelo!

Al entrar en la habitación con la puerta entreabierta, un niño de unos dos años corrió hacia Adriano, le tomó la mano y la besó, obligándose a subir a la cama.

– Sidney, el abuelo no puede recogerte... Está enfermo... – lo regañó levemente una hermosa joven que pronto también entró en la habitación: era la madre del niño.

Sidney miró a su madre y pareció decepcionado, pero no soltó la mano de su abuelo. Alessandra le preguntó:

– ¿No vas a besar a la "abuela" también?

– Voy... – diciendo esto, el niño se acercó a ella y le dio un amoroso doble beso, en la mano y en la mejilla.

La madre de Sidney besó a Alex en la mejilla y saludó a la pareja:

– Entonces, señora Alessandra y señor Adriano, ¿están mejor? Había quedado con Alex en encontrarnos aquí mientras él estaba grabando y vendría directamente aquí. Perdón por el retraso, pero fue difícil conseguir un taxi.

La esposa de Alex se dirigió a Alaíde:

– ¿Cómo estás? Le agradezco el cuidado que ha brindado a mis suegros.

– Ella es Clarissa – dijo Alex, presentándole a Lina a su esposa, y agregó –. Clarissa, ella es Lina...

No hacía falta presentación: Lina ya había deducido que "los visitantes" a los que Alex acababa de referirse eran su esposa y su hijo.

– Encantada de conocerte – dijeron ambas al unísono.

Clarissa, algo cautelosa, buscó en su memoria dónde había escuchado referencias a ese nombre... Lina... Lina...

Alessandra, percibiendo la ligera duda de su nuera, aclaró:

– Lina es amiga nuestra desde hace algunos años, traída hasta nosotros por Dios, por caminos extraños, con comienzos difíciles, pero ahora, ¡con bendiciones!

Aunque Clarissa no estuvo de acuerdo, no dijo nada.

Adriano, emocionado por los momentos que acababa de vivir, fue explícito:

– Esta niña es un "hada" que cuando la conocimos pensamos que era un diablillo...

Mientras los padres hablaban en metáforas, Alex aclaró de una vez por todas:

– Lina es la debutante de la que ya hemos hablado y en cuyo baile tuve un accidente. Entonces su padre me salvó. Justo antes que llegaras, ella realizó un milagro aquí...

En un intento de explicar las metáforas paternas, Alex, de hecho, lanzó otra más intrigante. Alessandra intervino:

– Me demostró que Adriano siempre ha sido el gran amor de mi vida. A nosotros...

Otra metáfora, ya que las lágrimas le impidieron seguir adelante. Clarisa estaba completamente confundida. Adrián:

– Te lo explicaré todo: Alessandra y yo, después de tantos años, ¡Dios mío, ni siquiera nos tocamos! Gracias a Lina, nunca más nos harán daño... ¡Ya hemos perdido mucho tiempo y ahora es el momento de olvidar nuestras penas y vivir en paz!

Miró con ternura a su esposa y declaró:

– ¡Te amo Alessandra! ¡Siempre te amé! ¡Siempre te amaré! Bueno, de todos modos, para Clarissa los detalles eran innecesarios.

Ella y Alex no podían creer lo que vieron y oyeron. En un gesto espontáneo, bajo la bandera de la amistad, ambos envolvieron a Lina en un cariñoso abrazo, en agradecimiento por el regreso de la paz al matrimonio de ancianos. Lina estaba asombrada, en privado, por la calma que experimentaba.

Estaba mintiendo acerca de saber que Alex estaba casado y era padre. Esto abrió algo en su alma que había estado bloqueando sus sentimientos durante mucho tiempo. Fue humilde:

– No hice nada, no hice nada... El amor sí... El amor de Dios y el amor que sienten el uno por el otro...

La frase, haciendo referencia a los padres de Alex, también estuvo relacionada con el amor que notó en los ojos de Clarissa, cuando entró y miró a Alex, cuyos ojos brillaron al verla llegar.

– Ella... voló... – tartamudeó Alessandra.

Alex besó suavemente la frente de su madre y sugirió:

– Te dejaremos descansar.

– Alex: ¡voló! – Repitió Alessandra, algo emocionada.

– ¡Es verdad! – confirmó Adriano.

– Muy bien – asintió Alex, diciendo –, mañana volvemos.

Alex besó a sus padres y se fue con Sidney en su regazo, seguido de Clarissa. Momentos después, Lina y Alaíde se despidieron de los pacientes y se marcharon.

Fuera de la habitación, a solas con Lina, Alaíde se disculpó:

– No quería que te encontraras con Alex antes de decirte que se casó... No tuve tiempo.

– ¿Quieres saber? – Preguntó Lina en tono de broma –, era mejor así. Dentro de mí, desde algún lugar escondido de mi alma, se abrió una ventana a la vida, dejando entrar la luz del Sol, no sé ni cómo explicarlo, pero la verdad es que mi corazón se alivió ante el recuerdo de Alex, quién sabe por qué estaba prisionera allí.

- Cosas del primer amor... Cosas del primer amor... - murmuró Alaíde, en un ensueño que la llevó al pasado, trayendo recuerdos desvaídos pero aun vívidos...

8. Modificando Códigos

Elenise y Felício no se dirigieron la palabra ni siquiera después de mudarse a la Capital. Fue operado de su úlcera, se curó y encontró trabajo como asesor de un político de su antiguo partido. Elenise se sometió a las pruebas más especializadas y no se encontró la causa del dolor de oído crónico.

No hablar entre ellos lastimó a Lina.

Cuando sonó el teléfono y Elenise contestó, la persona que llamó colgó sin decir nada. Horas más tarde, al volver a levantar el teléfono, Felício experimentó el mismo malestar, pues al identificarse, la persona al otro lado de la línea colgó y se cambió también. Otras veces esto sucedía, sin que ninguno de los dos dijera nada al respecto.

Y en un hogar, cuando el diálogo es escaso, las cosas no van bien.

Cuando los hijos no dicen nada en casa, es obligación de los padres identificar el motivo y ayudarlos, con tacto y amistad. Por regla general, ese hijo que hace del silencio su compañero tiene mucho que decir. Lo que te detiene es la falta de confianza en quienes lo rodean, con o sin motivo para ello. Casi siempre; sin embargo, hay un componente espiritual negativo que amordaza a quienes hablan poco e infunde impaciencia y desconfianza en quienes quisieran escuchar, irritándolos. Más que nunca es tiempo de oración, partiendo del corazón de quienes ya tienen más experiencia, o mejor dicho, más fe en Dios.

Allí sucedió todo lo contrario: Lina, en fervientes oraciones, había estado pidiendo a los espíritus protectores que, con la bendición de Dios, armonizaran a sus padres. Al no obtener pronta respuesta, no dejó de orar, al contrario: comenzó a visualizar con mayor frecuencia una visita imaginaria de Jesús en su hogar, involucrando a sus padres en un acto de perdón recíproco y definitivo. Este marco mental le hizo mucho bien. Cada vez que hacía esto estaba orando, atrayendo así influencias espirituales beneficiosas a la vida familiar. A veces, en la misma atmósfera mentalizadora, creaba imágenes de su padre y su madre en un diálogo alegre, intercambiando cariñosas caricias y besos.

Mientras los tres estaban en la mesa, durante la cena, sonó el teléfono... Elenise quiso contestar, pero se retiró.

Felício tuvo ganas de levantarse, pero no hizo nada. Al sentir la evidente desconfianza de sus padres, Lina les preguntó:

– Oigan ustedes no contestan, ¿por qué?

– Yo no – refunfuñó la madre, irónicamente: quien llama no quiere hablar conmigo... Parece una descarada... Y eso es culpa de quien les da una correa a esas dulces muchachas que siempre están ofreciéndoles dinero, planes o si no pidiendo dinero, Dios sabe para qué...

Sintiendo el golpe, mientras Elenise hablaba mirándolo, Felício se defendió devolviendo una acusación velada:

– Curioso: hoy alguien llamó dos o tres veces y cuando contesté colgó... También me pregunto quién será... Debe ser un hombre... Queriendo hablar con alguien... Si no es yo y si no eres tú, Lina...

Elenise estaba extremadamente irritada porque su marido, en contraofensiva, hablaba mirándola. Sospechas... Sospechas...

Sin alimentar la escena de celos explícitos por parte de sus padres, Lina respondió, antes que la llamada telefónica no pudiera completarse, pues ya estaba en el límite de llamadas:

– Hola, habla Lina...

– Hola Lina, soy yo... ¿No te acuerdas de mí?

¿De dónde conocía esa voz? Lina, buscando ayuda urgente en su memoria, no la encontró. Se rindió:

– No te reconozco. Perdóname.

– Ahora, Lina, esfuérzate. Yo te ayudo: te debo medio helado.

Al mismo tiempo Lina reconoció la voz: la de Daniel.

– Hola Daniel, ¿cómo estás?

– Solo respondo personalmente. ¡Tengo muchas ganas de verte!

– Cuando empiecen las clases, nos vemos en la universidad.

– No es eso, Lina. No puedo sacar tu imagen de mi memoria. Por favor, nos vemos, aunque sea por unos minutos. Donde quieras...

– He estado muy ocupada...

– ¿Todo el día? ¿Toda la semana?

Mientras hablaba con Daniel Lina sintió que en "otro rincón escondido de su alma" un calor indefinido se liberaba y comenzaba a invadir sus venas... Sin identificar adecuadamente esa extraña sensación, sentida ahora por primera vez, la joven descendió:

– Vale, vale: el sábado que viene, a las ocho, ven aquí y damos un breve paseo por la plaza cercana.

– Me alegro, Lina, que me hayas ayudado. Pero... ¿tus padres me aceptarán?

– ¡¿Mis padres?! Bueno, Daniel, no irán al paseo...

– No juegues conmigo, Lina. Según recuerdo, no le agrado a tu padre, ni a tu madre.

– Está bien, nos vemos allí en la plaza. Está a dos cuadras de casa, hacia el centro de la ciudad.

– Un beso...

– Otro.

Cuando Lina colgó, notó que sus padres estaban tensos.

– Era Daniel – trató de calmarlos, para luego agregar: el que trabajaba en el club. Ahora estudia en la universidad, donde nos encontramos hace unas semanas.

– Pero, hija – interrumpió Elenise, "decretando" – él no es más que un sirviente.

Felício, esta vez, apoyó a su esposa:

– Así es, es un tipo pobre, que no tiene ni dónde caer muerto. Por lo que recuerdo, es un poco tonto y descarado.

– No hables así – respondió Lina, respondiendo -, ser pobre no es un defecto. De hecho, si quieres saberlo, Daniel ha cambiado mucho... Es tan guapo, tan fuerte, tan educado...

No había forma de continuar la conversación. Los padres abandonaron la cena antes que estuviera terminada.

Y si el mutismo casi siempre fue un invitado en esa casa, sin ser invitado pero aceptado, después de la llamada telefónica de Daniel se "trasladó" allí para siempre, nadie más en esa pequeña familia pudo decirse nada.

Hasta que llegó la hora del encuentro, Lina sintió un sentimiento de ansiedad creciente invadiendo su alma; sin embargo, sin identificar exactamente cuál era ese sentimiento.

El sábado, a la hora señalada, acudió a la plaza. Daniel estaba allí.

Se saludaron y Lina sugirió que se sentaran en uno de los bancos del jardín. Algo coqueta, ella lo provocó:

– Entonces, ¿qué es tan importante que tienes que decirme?

Tomando la mano de Lina, Daniel liberó los sentimientos que tenía.

- Estuvo atrapado en mi corazón durante tanto tiempo.

– ¿Y necesitas hablar?

– ¿No ves que me gustas? ¿Qué me has gustado siempre?

Ahora Lina sintió un fuerte escalofrío recorriéndola de la cabeza a los pies. No supo qué decir ante la confesión de amor, tan directa e inesperada. Cuando formuló la pregunta, imaginó que solo escucharía respuestas vagas y amables, nunca aquellas palabras confesionales que, más súbitamente, iban acompañadas de un ardiente intento de beso. Los besos entre amantes saben a miel.

Eso no fue lo que sintió Lina, quien no respondió a pesar que la besaron. Tomada por sorpresa, no hubo manera de detener el gesto impulsivo de Daniel, pero en una milésima de segundo ella se hizo dueña de la situación, rechazando enérgicamente el sensualismo del que él era blanco, alejándose firmemente del contacto físico.

Los ojos de Daniel, excesivamente brillantes, decían que su ser interior estaba en emociones exaltadas. Emociones anormales... Lina no pudo identificar el motivo del malestar instantáneo que reemplazó el calor igualmente desconocido que había estado sintiendo desde que comenzó a pensar en ese encuentro.

- Me voy a casa - dijo bruscamente.

– ¿Te enojaste conmigo?

– ¿Por qué me quedaría?

– ¿No te gusto?

– Ésa es una pregunta que no voy a responder ahora.

– Por favor: solo una palabra, para calmarme...

– ¡Ve con Dios!

Sobre Daniel el impacto fue muy fuerte. Las palabras de Lina tenían tal carga de sinceridad que en el choque con las vibraciones sensuales que lo dominaban, perdió el control:

– ¡Quiero quedarme contigo! Y cuando digo quédate, no es como dicen: ¡te quiero para mí y para siempre!

– ¡Tengo que irme!

Al ver a Lina levantarse, Daniel intentó abrazarla, obligándola a quedarse a su lado. Exageró la fuerza utilizada, lastimando a Lina quien lo miró con mucha energía, sin decir nada. En su mente, en un destello de memoria, pasó por su mente la imagen de los dos "cornetas", sus amigos. Fue suficiente. Daniel sintió como si hubiera sentido una descarga eléctrica. Tenía que dejarla ir. Casi desesperado suplicó:

– ¡Perdóname Lina, te quiero mucho!

– Dios te bendiga, Daniel.

Lina se fue a su casa, dejándolo solo en el banco del jardín, quien si pudiera hablar, tal vez recriminaría al tempestuoso joven por no respetar la "historia" de ese mismo lugar, donde tantos votos de amor se intercambiaron. Y siempre en una atmósfera de almas apasionadas, unas veces a la luz del Sol, otras, bajo el testigo titilante de las estrellas.

Incluso antes de llegar a su casa, Lina decidió regresar, pues su conciencia le aconsejaba no dejar aquel encuentro sellado con desacuerdos. ¡Escucha tu conciencia! Regresó...

Solo esta actitud mantuvo a su lado a los dos espíritus amigos que recientemente habían "desarmado" a Daniel de su inoportuno descontrol sobre su libido. Lina no podía verlos, pero en el fondo se sentía protegida.

Sin ningún temor, Lina regresó a la plaza pensando: "No está bien dejar a Daniel así, así sin más; le voy a decir que tenemos personalidades diferentes y que una unión entre nosotros nunca funcionaría. Si él entiende, será bueno. Si no, al menos no llevaré sobre mi conciencia el peso de haberlo despreciado, como puede haber dado la impresión mi retirada hace un momento."

Al llegar a la plaza, se dirigió al banco del jardín y no vio en seguida a Daniel. Miró bien la calle y se disponía a regresar a su casa cuando, sin motivo alguno, dio la vuelta a la cuadra y en un rincón más oscuro, en medio de unos arbustos de azaleas, por un segundo vio el brillo de un cigarrillo encendido... Luego, como impulsada por una fuerza desconocida, se acercó para observar más de cerca quién estaba allí. Un olor característico asaltó su olfato: ¡marihuana! En el mismo momento sintió quién estaba fumando y rápidamente se dio la vuelta y se alejó.

– ¡Lina! ¡Lina! – escuchó a Daniel llamándola.

Era él quien fumaba, escondido tras la maleza. Un tanto desconcertado, salió de su escondite improvisado, apagó el cigarrillo y se acercó a ella, regocijándose:

- ¡Que bueno que volviste! ¡Es una señal que me amas!

Aunque Lina quedó atónita al descubrir que Daniel era un drogadicto, no se dejó involucrar:

- No, Daniel, no te equivoques. Regresé para decirle que no me busque más, ya que siento que somos personas de destinos diferentes...

- Quieres decir que somos de diferentes clases sociales, ¿verdad? ¡Puedes decir que puedes humillarme! No será la primera vez que me ofendas por quererte tanto. Tu padre, al día siguiente de aquel problema en tu baile de debutantes, ya "me escondió debajo de la alfombra."

- No lo sabía, pero estoy agradecida. Una cosa no tiene nada que ver con la otra. Éramos muy jóvenes y veo que no te diste cuenta que a veces las cosas cambian: guardabas una frustración por mí en tu subconsciente y ahora crees que puedes rescatarla. Considera que papá, en ese momento, estaba muy nervioso por los acontecimientos en el club.

Hizo una pausa, que Daniel respetó y permaneció en silencio. Agregando:

- Sepa que aferrarse a las frustraciones no te sucedió solo a ti. También tuve mucho dolor en el alma, por ese baile... Pero entendí que cuando soñamos en la adolescencia, necesitamos despertar en nuestra juventud. Lo mismo ocurre en la fase infantil: el niño tiene ideales que se materializan en la niñez o no, estos últimos no pueden continuar hasta la adolescencia. En cualquier caso, en cada etapa de la vida, el futuro trae consigo la maduración de la personalidad.

Refiriéndose a ellos mismos, concluyó:

- Cuando nuestra alma toma plena posesión del razonamiento y del libre albedrío, se definen objetivos, mente y corazón emparejados, en una simbiosis de emociones, sentimientos y razón. Yo, por ejemplo, volví para prometer mi amistad...

– El dolor que tenías... ¿fue por culpa de ese actor?

– ¿Y quién más podría haber sido? Pero lo encontré no hace mucho y estuve feliz de conocer a su esposa y a su pequeño hijo...

– Dame una oportunidad...

– Más que eso: ¡te doy mi amistad!

– No quiero amistad, Lina: ¿no entiendes que lo que quiero es unir nuestras vidas? ¿Necesito ser más claro?

– Eres joven, estás sano y el futuro te espera. Te guste o no, voy a ser tu amiga, de ahora en adelante: ¡deja la marihuana!

– Oh, entonces eso es todo... La has probado, ¿eh? Parece que si...

– ¡No la he probado y nunca lo haré! Pero, lamentablemente, tenía compañeros en el colegio que eran adictos y muchas veces me la ofrecían. Los sorprendí consumiendo drogas algunas veces. Por eso identifiqué el olor hace un rato, cuando estuviste allí.

– ¿Me vas a denunciar?

– ¡Realmente no me conoces, Daniel! De la misma manera que solo aconsejé a esos amigos, ahora te lo aconsejo a ti.

– No quiero tu consejo. Eres una mujer, yo soy un hombre. ¿Qué podemos esperar unos de otros?

– Antes que ser mujer y hombre, somos espíritus inmortales.

– Por favor no sigas con estos sermones...

– Está bien: quiero tu bien, tu felicidad y rezaré por ti, para encontrarte a ti mismo. Jesús tiene los brazos abiertos para toda la humanidad. Si no quieres mi ayuda, ¡no te rindas con Él! Adiós Daniel.

Siempre apoyada por sus dos amigos invisibles, que no la habían abandonado ni un solo segundo, Lina regresó a casa, ahora con la conciencia en paz.

En cuanto a Daniel, que había estado pensando en ella durante tanto tiempo, él mismo se sorprendió al sentirse repentinamente liberado de pesadas cadenas sentimentales. Pensó: "Si ella no me quiere, no importa, porque tengo amigos sinceros que comparten conmigo el éxtasis de las drogas." Salió de allí y fue a buscar a estos amigos, aburrido de lo que había oído de aquella, ahora, "muchacha rica y pedante." Junto a él, también invisibles, al igual que los "cornetas" que acompañaban a Lina, se encontraba una masa de espíritus desencarnados, drogadictos, todos ellos.

Daniel y sus "sinceros amigos" – encarnados –, cuando se drogaban, lo hacían mayoritariamente por estos desafortunados seres del plano espiritual.

El Espiritismo aclara que las personas encarnadas, al dar rienda suelta a las adicciones, se convierten en huéspedes de los espíritus desencarnados, transfiriéndoles la mayor parte de las sensaciones de la drogadicción, a través de la sintonía y la simbiosis. Estos son parásitos de aquellos, transformados por elección equivocada en filtros esclavos.

Los autores espirituales consagrados llaman vampirismo a esta triste comunión.

Después de este encuentro, Lina nunca volvió a ver a Daniel. Sin embargo, siempre lo incluyó en sus oraciones. De hecho, hablando de oraciones, después de leer las obras básicas del Espiritismo, Lina, que ya había alcanzado la mayoría de edad, además de las reuniones de estudio dominicales en la Juventud Espírita, comenzó a asistir a las reuniones mediúmnicas, los sábados, en la misma escuela espírita. Centro cercano a su domicilio.

En el Centro Espírita ejerció con dedicación y buena voluntad la preciosa mediumnidad del desenvolvimiento, posibilitando la asistencia a desencarnados en condiciones de difícil acceso, a quienes llevó a la reunión mediúmnica, donde fueron atendidos.

Sus padres, que seguían hablando poco a poco, veían con desinterés las actividades espíritas de su hija, a pesar que ella los invitaba a al menos aprender sobre la Doctrina de los Espíritus, a lo que invariablemente se negaban.

Y así llegó a su fin el primer año universitario de Lina en la Facultad de Medicina.

En una semana se celebraría la Navidad.

Una agradable sorpresa les esperaba a la familia de Lina: recibieron la visita de Alex, con su esposa, su hijo y sus padres.

Lina no estaba en casa cuando llegaron.

Recibido con manifiesta frialdad, el malestar rayaba en lo insoportable cuando Adriano tomó una actitud valiente:

– Como el mayor aquí, quiero expresar que vinimos en paz, para extenderte dos invitaciones: una, que vengas a pasar la Navidad a nuestra casa...

Alessandra ratificó:

– ¡Nos gustaría sinceramente su compañía!

Felício y Elenise se miraron sin creer lo que oían. Alex añadió a la invitación de sus padres:

– La segunda invitación es para que sean los padrinos de mi hijo.

Antes que la pareja saliera del estupor, Alex, mirando a Felício, bromeó:

– Después de todo, es casi tu nieto, porque por mis venas corre un poco de tu sangre generosa.

Uniendo palabra con gesto Alex tomó la mano de Felício y la besó.

Todos estaban emocionados.

Adriano se acercó a Felício y lo abrazó, ambos sollozando.

Alessandra, rompiendo todos los códigos que el orgullo le había dado hacía tanto tiempo, se acercó a Elenise y con los ojos húmedos ni siquiera necesitó decir nada. El fuerte abrazo que se dio y que fue correspondido transformó a las dos mujeres en amigas para siempre.

Con Adriano y Felício abrazándose, sin soltarse y con las dos mujeres sólidamente entrelazadas por el calor de la paz, las dos parejas se acercaron. En una actitud que le salió de lo más profundo de su alma, Adriano, extasiado, dejó a Felício, tocó a su esposa, quien luego interrumpió el abrazo de Elenise, la miró con ternura y la besó, lo que fue correspondido.

Contagiado por la magia del amor, tan expresivo allí, Alex, incluso con Sidney en su regazo, abrazó a su esposa y también la besó, durante un largo rato.

Felício y Elenise, mareados por la emoción, ambos inmersos en una atmósfera de sentimientos puros, acabaron encontrándose cara a cara, muy cerca... Esto no ocurría desde hacía años... Ambos provenían de necesidades profundas...

Hablando desde lo más profundo de sus almas, en realidad se amaban, pero el orgullo, la intolerancia y el amor propio les habían inculcado múltiples resentimientos. Y el remilgo es el fruto amargo de la vigilancia, esa desgraciada compañía de peregrinos que caminan descalzos por el pedregoso camino de las pruebas terrenas. ¡Solo el árbol de la humildad reemplaza esos frutos con la paz! Y allí, en ese momento, este árbol benéfico dio la bienvenida a todos. Felício y Elenise, un poco a tientas al principio, pronto se abrazaron.

Aura con aura, estalló el fuego sagrado del amor que un beso delicioso no tuvo reparos en proclamar.

Entonces entró Lina.

¡Lo que vio fue que todos besaban a todos! "Definitivamente – pensó –. Debo estar soñando."

– Hum... hum... hum... – tosió levemente, a propósito. Alex la saludó amablemente. Clarisa también.

Los ojos de Adriano y Alessandra "casi se incendiaron" de tanto brillo cuando la vieron. Corrieron hacia ella y la abrazaron.

Solo entonces Felício y Elenise "regresaron" del sensacional beso. Un poco avergonzados, inmediatamente se justificaron, a una sola voz:

– Había pasado tanto tiempo... - Todos se rieron.

Luego, Alex les contó a Felício y Elenise que Lina, hace aproximadamente un año, había sido la "salvadora" de sus padres, quienes ahora habían recuperado su salud, aunque en tratamiento médico permanente. Luego de arreglar los detalles para la Navidad en casa de los padres de Alex, estos partieron llevando en el alma el bienestar de la reconciliación, el mismo bienestar que dejaron con los padres de Lina.

Desde que se reconcilió con su marido y la familia de Alex, Elenise no había vuelto a soñar con el fuego y el dolor de oído había desaparecido. Nunca sabría que esa misma noche, en un Centro Espírita alejado de donde vivía, un espíritu vengativo, aun encarnado, fue recibido fraternalmente mientras dormía. Tras un diálogo fraternal con una médium adoctrinadora, calmaría sus ansias de venganza, con lo que también se libraría de un herpes labial persistente que desde hacía algún tiempo le hacía quejarse: "fuego, fuego, fuego... me parece tener fuego en la boca..."

Desbordante de felicidad, Lina llamó al día siguiente a Alaíde para contarle todo. Después de todo, la enfermera había participado en los hechos desde el principio...

En la Santa Casa de la ciudad donde trabajaba Alaíde, le informaron a Lina que la habían invitado a trabajar en un hospital de la Capital y había aceptado, habiéndose mudado esa semana. Lina dedujo cómo encontrar a Alaíde en el hospital donde fueron atendidos los padres de Alex.

Fue allí y de hecho se reunió con Alaíde quien lamentó no poder darle la sorpresa que quería: visitar a Lina esos días para decirle que se había mudado a la Capital. Estaban conversando cuando vieron llegar a los padres de Alex, quienes se encontraban allí para exámenes médicos de rutina, como seguimiento al tratamiento que llevaban un año de duración y gracias al cual lograron estabilizar su salud, ya que erradicaron la enfermedad, alcoholismo e hipocondría.

Alaíde dijo:

– Lina, Lina, ni siquiera sé lo feliz que estoy, el señor Adriano y la señora Alessandra gozan de buena salud y viven en paz.

– Yo también estoy feliz, porque mis padres también se reconciliaron después de algunas desavenencias tontas que los separaron. De hecho, estamos invitados a pasar la Navidad en casa del señor Adriano. Y Alex y su familia estarán con nosotros.

– Todo lo que tenemos que hacer es invitar a una persona más importante – bromeó Adriano, mirando a Alaíde: ¡tú!

Antes que Alaíde aceptara, fueron interrumpidos por el Doctor Gérson, que estaba acompañado por el Doctor Mário y un muchacho.

Se saludaron en un ambiente fraternal y luego el Doctor Mário informó:

– El Doctor Gérson me invitó a formar parte del personal clínico de su hospital, pero nuestro pequeño pueblo todavía me necesita; vine a agradecerles la invitación y presentarles a mi sobrino Leopoldo. Gracias a la amabilidad del Dr. Gérson, Leopoldo se instalará en este hospital, ya que acaba de graduarse.

El chico saludó a todos, uno por uno.

Cuando miró a Lina, tuvo la impresión que ya la conocía.

Pero, ¿de dónde?

Ella también creyó reconocerlo. Pero no tenía idea de cuándo ni dónde lo había visto antes...

Alaíde preguntó al Doctor Mário:

– ¿Cuándo vas a estar de vuelta?

– Me quedaré aquí unos días, visitando algunos laboratorios e industrias médicas, para comprar medicinas y algunos instrumentos quirúrgicos. Navidad aquí, Año Nuevo allá "en el campo."

Adriano intervino:

– Tu Navidad este año será en mi casa, si me concedes la alegría de tu presencia. Nunca olvidaremos que nuestro Alex te debe en parte la vida a ti, que le ayudaste con esa tontería, que ya se nos ha olvidado...

Adriano abrazó al Doctor Mário y añadió:

– ¡Pero no nos olvidamos de la gratitud! Hablador, pero atento, Adriano añadió:

– Y tu sobrino vendrá contigo, si quiere y no tiene otro compromiso...

El silencio y la sonrisa franca del Doctor Mário significaron aceptación. Leopoldo, algo avergonzado, se limitó a darle las gracias.

– Pero tú también vas, ¿no? – Obligó a Adriano.

– Tengo que estudiar...

– Estudia – dijo el tío – eso es lo que tendrás que hacer siempre.
Pero una Navidad con tantos amigos...

Casi sin darse cuenta de lo que hacía, Lina entró con fuerza en la conversación, solidarizándose con el Doctor Mário:

– También tengo que estudiar, ya que estoy completando inglés y español. Pero voy a pasar la Navidad con ellos...

Leopoldo, sorprendido por la espontaneidad de aquella linda muchacha, "su conocida de no sé dónde", pero con unos ojos tan inolvidablemente bellos, consintió, actuando más por impulso que por pensamiento:

– Bien, bien. Seré feliz contigo. Me siento honrado, mucho más de lo que merezco.

Adriano miró al Doctor Gérson y bromeó:

– En cuanto al "jefe", es lógico que no sea necesario invitarlo.

– Se lo agradezco – respondió el Doctor Gérson, añadiendo -, pero mi esposa, mis tres hijos menores y yo estamos de viaje en la ciudad de mi hija casada.

Se despidieron.

Cuando Leopoldo se dirigió a Lina, elogió:

– Felicitaciones por completar inglés y español, precisamente los dos idiomas que casi dominan el mundo... Hace mucho tiempo que quería aprender estos idiomas. Ya sé un poco porque la mayoría de los libros pedagógicos están escritos en estos dos idiomas.

Lina, experimentando un ambiente íntimo de gran paz, fruto de la presencia de aquel joven "con quien ya había hablado, pero ¿dónde?", se mostró atenta:

– Puedes llamarme Lina...

– Puedes llamarme Leo...

Se rieron, se relajaron. Leopoldo alargó la conversación:

– Ojalá ya supiera inglés y español...

– Ojalá ya hubiera terminado la universidad... razonó Leopoldo en voz alta:

– Qué casualidad: tú recién empezaste Medicina y yo terminé, pero en cambio tú terminaste Inglés y Español y yo comencé...

– ¿Vidas cruzadas? – Lina filosofó, con humor.

Leopoldo miró a Lina con intensa y repentina emoción, pensando:

– "¡Dios mío! ¿Dónde he oído eso antes? ¿Dónde? ¿Dónde...?"

Tropezando con sus palabras, Leopoldo se limitó a decir:

– Esas mismas palabras las he escuchado de alguien, pero no recuerdo dónde ni de quién. Se siente como si mis pies no estuvieran en el suelo...

Ahora fue Lina la que se emocionó, pues también había escuchado algo sobre "pies del suelo", sin recordar dónde.

– ¿Vamos al jardín? – invitó Leopoldo.

Cuando Lina indicó que estaba de acuerdo, Leopoldo tomó suavemente su mano y se dirigieron al jardín florido del hospital.

Sin disfrazarse por ambos, estaban temblando.

Lina confesó:

– Es como si ya te conociera.

– Yo también, tengo la impresión de haberte visto antes.

En ese momento, sin que ninguno de los dos se diera cuenta inmediatamente, el amor, sin pedir permiso e imponer reciprocidad, visitó sus almas.

Los dos "cornetas" espirituales con los que Lina se encontraba desenvolviéndose durante su sueño, buscaron a Angélica - nombre real de la "samaritana número dos" -, exclamando exultante, a una sola voz:

– ¡Alabado sea Dios!

– Sí - respondió el mentor, añadiendo -, ¡para siempre!

Luego miró a los dos asistentes, esperando lo que tenían que decir. Siempre a coro, informaron:

– ¡Nuestros amigos Leo y Lina están enamorados!

– Jesús los bendiga - reflexionó Angélica, comentando -, agradezcamos al Maestro por la bendición de confiarnos las actividades de rescate, ya que esto, además del alivio brindado a tantos hermanos que sufren, también ofrece tantas alegrías a nuestros corazones. Siempre es una felicidad añadida ver a dos espíritus, nuestros compañeros, unir sus ideales, con y por amor.

Joel preguntó:

– ¿Se enterarán algún día de ese encuentro que tuvieron mientras dormían?

– Algún día sí, pero en un futuro muy lejano. Por ahora, tal conocimiento podría traerles un desequilibrio en su existencia terrenal. Leo no comprende, por ahora, cómo se producen los acontecimientos.

Haciendo una pequeña pausa, consolidó la explicación:

– Lina fue pasante de nuestro equipo hasta que pudo brindar casi los mismos servicios en el Centro Espírita... Por precaución, protegiendo su libre albedrío, solo estuvieron juntos, desplegados, esa única vez.

Ahora fue Rodrigues quien insistió:

– ¿Y en la reunión trazaron planes para su vida terrenal?

– Sí, eso sucedió y fue un aumento de la bondad de Dios, dada la buena voluntad de ambos, ya que el corazón de Lina estaba turbulento. Pero no podemos olvidar que, antes de los planes que allí habían trazado, existía un plan mayor, encarnado incluso antes que reencarnaran.

– ¿Planificación de la reencarnación?

– Sí: ¿no es exactamente eso lo que nos enseña el Espiritismo sobre la familia? ¿Que es divinamente inspirada? ¿Que el amor es el único vínculo válido para unir los corazones, en un primer paso familiar, entre el hombre y la mujer y sus hijos? Luego, poco a poco, este mismo amor se va extendiendo en el alma por todo y por todos, hasta alcanzar las alturas celestiales del amor universal.

– Pero... hay tantos conflictos familiares entre parejas que se juran amor eterno... Entonces... tantas separaciones... ¿Por qué?

– Los conflictos surgen por falta de armonía y el camino que debemos recorrer juntos es pedregoso, incluso con las sandalias de la paciencia, la tolerancia y el perdón. Si es difícil con tal calzado, imagínate sin él... En cuanto a las separaciones, cuando alguien causa daño a otro, es urgente repararlo y la omisión, por fuga, en este caso, constituye desprecio por la bendición de la reencarnación, que acercó al deudor al acreedor; en las uniones de intereses las separaciones se producen por la pérdida de sustancia, en cuanto se satisface la pasión o se consiguen bienes materiales.

Después de una breve pausa, Angélica añadió:

– El respeto al libre albedrío es una directriz divina, ya sea en asociaciones o disociaciones. Sin embargo, en los casos en que el deudor no salda su deuda, o solo una parte de ella, simplemente transfiere la deuda a otra oportunidad, casi siempre en otra etapa terrenal, con mayores dificultades - Joel preguntó:

– Sin ser insistente, solo reflexionando, imagino que cuando nacen niños, hay una familia. Y si la familia es una institución divina, ¿por qué hay tantos desacuerdos?

– Hay una diferencia entre familia física y familia espiritual, entre hogar y residencia. Hay familia si los verdaderos vínculos son los del espíritu, de duración eterna, con o sin vínculos corporales. Si solo existen estos, lo que tenemos también es una familia, pero casi siempre de duración episódica; es decir, solo en esa existencia física. Cuando hay un grupo de personas unidas por el parentesco y las experiencias previas, hay un hogar. En una casa que alberga a miembros de la familia, si no existen tales vínculos, lo que hay es alojamiento – residencia –, generalmente de corta duración, y el conjunto puede ser desmantelado incluso antes de la muerte física de uno o de todos ellos.

Angélica consideró válido el silencio. Pensativo, Joel pronto preguntó:

– ¿Cómo progresar entre fricciones, desacuerdos, peleas?

– La humanidad terrenal no está formada por ángeles. Así, hay desacuerdos permanentes y el vehículo no siempre es la delicadeza, o al menos la educación... Pero, desgraciadamente, así ha llegado hasta ahora el progreso a los hombres: con agresiones individuales o colectivas, guerras en los propios países o país contra país.

El mentor reflexionó y con ojos brillantes dijo:

– Siendo la paz la meta marcada por Dios, tarde o temprano, sin agresión, sin envidia, sin indiferencia, sino con ternura, sincera admiración por los éxitos de los demás y, sobre todo, con amor, entonces la paz será completa, para todos – personas, familias, sociedades.

~ 0 ~

La Navidad en casa de Adriano fue muy feliz, asistieron todos los invitados. El anfitrión le pidió a Lina que dijera una oración y, mientras ella oraba, Leo quedó impresionado por la profundidad filosófica de las palabras que escuchó. Más tarde, muy interesado, trató de averiguar de ella el verdadero significado de los términos pronunciados en la oración: gracias "por la bendición de vidas sucesivas"; "el intercambio de los dos planos, el material y el espiritual" y sobre todo "la ofrenda en el altar que allí se hacía, después de la reconciliación..."

Con mucho gusto Lina explicó a Leo los fundamentos espíritas de lo que ella había dicho, es decir: la reencarnación, la mediumnidad y el perdón.

A partir de esa noche, otro corazón se abrió para recibir las enseñanzas de Jesús, haciendo que la mente buscara el aprendizaje evangélico con el envoltorio de la razón abrazada por la fe.

Antes de fin de año, Lina fue a la universidad para hacer pequeños recados. Una vez que estos se resolvieron, le apetecieron dar un paseo por el campus. Se llevó una gran sorpresa: vio a Daniel al borde de la piscina, con uniforme de salvavidas, hablando con una joven. Continuó su paso, sin evitar acercarse a ellos. Al verla, Daniel se sintió avergonzado, pero Lina se mostró amigable:

– Hola, Daniel. ¿Como lo pasaste?

– Bueno – tartamudeó Daniel, añadiendo –, ella es Elvira, mi prometida...

– Hola Elvira, soy Lina. Encantada de conocerte.

La chica entendió la vergüenza de su prometido, pero ante la espontaneidad de Lina, también fue simple:

– Hola Lina. El placer es mío. Lina pronto animó la conversación:

– Daniel y yo nos conocimos en la ciudad donde nací. Es un amigo de mi familia. Me alegra saber que estás comprometida. Cuídalo bien y no olvides invitarnos a la boda.

Daniel, avergonzado, en un gesto de agradecimiento, declaró:

– Lina, Elvira lo sabe todo. Gracias a los consejos que me diste pero principalmente a tu amor, que confió en mí y me apoyó, me libré de eso...

– ¡Alabado sea Dios! – Exclamó Lina abrazándolos a ambos. Con los ojos llenos de lágrimas, Daniel "confesó":

– Nunca fui estudiante de esta universidad, ni de ninguna universidad. Como puedes ver, soy un simple salvavidas.

– ¡Que bien! ¡Quien salva vidas tiene una profesión bendita, porque el jefe es Dios! – Respondió Lina, ganándose de una vez por todas la amistad de los novios, de quienes se despidió.

Cuando Lina se encontró con Leo por la noche, habló con él del caso de Daniel. Aprovechó la oportunidad y le contó los acontecimientos relacionados con su "baile de quince años." De esta manera, Leo conoció los detalles de las dos familias, la de Lina y Alex, así como de Daniel.

Con alegría desenfrenada y muda, Leo escuchó a Lina, mientras su tío le había contado algunos hechos que no había entendido bien, principalmente sobre Alex, pero que ahora estaban relacionados entre sí. Una vez más la verdad arroja luz fuerte y definitiva sobre la realidad.

Lina, sin ninguna vanidad, aprovechó y contó también sus actividades mediúmnicas realizadas en el Centro Espírita:

– Ni te imaginas lo feliz que estoy de poder ayudar a la gente de "allá", mientras espero graduarme para ayudar también a la gente de "acá..." Leo estaba muy interesado en saber más sobre el Espiritismo. Lina entonces lo sorprendió regalándole una colección de cinco libros: las obras básicas del Espiritismo, de Allan Kardec.

– ¿Otro regalo? Pero no es Navidad y no es mi cumpleaños...

– Este es para el espíritu – bromeó Lina.

– ¿Y para el cuerpo?

Al decir esto, casi por reflejo, Leo se sonrojó. Lina también.

Un abrazo con mucho amor, seguido de un tierno y largo beso presagiaron la familia que pronto formarían, uniendo cuerpos y almas.

Tomado de gran admiración por el noble corazón de Lina, el joven médico le tomó las manos y, sin haberlo previsto, en un impulso de gran afecto y cariño, la abrazó.

Los dos corazones, unidos, laten rápidamente.

– Lina: ¡eres tan importante en mi vida! ¡Solo pienso en ti! Desde Navidad apenas puedo comer.

Sigo respirando, casi no puedo dormir... ¡Solo de pensar en ti! ¿Sabes por qué? ¡Porque te amo con toda mi alma!

– ¡Leo, mi amor! Tú también has causado todo esto en mí. No tengo ninguna duda: ¡te amo como nadie ha amado jamás a nadie!

Se besaron tierna y largamente.

En júbilo, Angélica y los dos "cornetas espirituales" miraron hacia el cielo donde las estrellas brillantes parecían derramar rayos celestiales hacia los dos amantes. Dijeron al unísono:

– ¡Alabado sea Dios! - Angélica predijo -. Asistimos a un amanecer feliz de dos almas que juntas inician sus pasos como estudiantes de la vida y compañeros de amor. Entonces serán maestros...

Los dos cornetas no entendieron. Ella explicó:

– Además de los estudios doctrinarios individuales, aprenderá de ella muchas cosas sobre la Doctrina de los Espíritus, correspondiendo con enseñanzas médicas, que se sumarán a lo que ella aprenderá en la universidad.

Una vez que los asistentes entendieron, Angélica concluyó:

– Más adelante, juntos, podrán ejercer ambas bendiciones, en las innumerables oportunidades que ofrece la vida para ayudar a los demás, comenzando por sus hijos que ya esperan la sublime oportunidad de volver a seguir aprendiendo en la mejor de todas las escuelas, que es un hogar.

Mirando significativamente los dos cornetas, la "Samaritana número dos" no pudo ocultar una lágrima y les informó:

– Por la bondad de Dios, no tardarán en regresar, después de un breve descanso el uno del otro, para sentir la caricia del Sol en su piel, la agradable humedad de la hierba en sus pies, pero sobre todo el amor paterno y materno de una pareja de médicos...

Entre delicadas lágrimas de anhelo anticipado, concluyó:

– Es casi seguro que cuando cumplan el primer año de su próxima existencia terrena, sus padres, por inexplicable intuición, les regalarán pequeños tambores.

FIN.

Grandes Éxitos de Zibia Gasparetto

Con más de 20 millones de títulos vendidos, la autora ha contribuido para el fortalecimiento de la literatura espiritualista en el mercado editorial y para la popularización de la espiritualidad. Conozca más éxitos de la escritora.

Romances Dictados por el Espíritu Lucius

La Fuerza de la Vida

La Verdad de cada uno

La vida sabe lo que hace

Ella confió en la vida

Entre el Amor y la Guerra

Esmeralda

Espinas del Tiempo

Lazos Eternos

Nada es por Casualidad

Nadie es de Nadie

El Abogado de Dios

El Mañana a Dios pertenece

El Amor Venció

Encuentro Inesperado

Al borde del destino

El Astuto

El Morro de las Ilusiones

¿Dónde está Teresa?

Por las puertas del Corazón

Cuando la Vida escoge

Cuando llega la Hora

Cuando es necesario volver

Abriéndose para la Vida

Sin miedo de vivir

Solo el amor lo consigue

Todos Somos Inocentes

Todo tiene su precio

Todo valió la pena

Un amor de verdad

Venciendo el pasado

Otros éxitos de Andrés Luiz Ruiz y Lucius

Trilogía El Amor Jamás te Olvida

La Fuerza de la Bondad

Bajo las Manos de la Misericordia

Despidiéndose de la Tierra

Al Final de la Última Hora

Esculpiendo su Destino

Hay Flores sobre las Piedras

Los Peñascos son de Arena

Otros éxitos de Gilvanize Balbino Pereira

Linternas del Tiempo

Los Ángeles de Jade

El Horizonte de las Alondras

Cetros Partidos

Lágrimas del Sol

Salmos de Redención

Libros de Eliana Machado Coelho y Schellida

Corazones sin Destino

El Brillo de la Verdad

El Derecho de Ser Feliz

El Retorno

En el Silencio de las Pasiones

Fuerza para Recomenzar

La Certeza de la Victoria

La Conquista de la Paz

Lecciones que la Vida Ofrece

Más Fuerte que Nunca

Sin Reglas para Amar

Un Diario en el Tiempo

Un Motivo para Vivir

¡Eliana Machado Coelho y Schellida, Romances que cautivan, enseñan, conmueven y pueden cambiar tu vida!

Romances de Arandi Gomes Texeira y el Conde J.W. Rochester

El Condado de Lancaster

El Poder del Amor

El Proceso

La Pulsera de Cleopatra

La Reencarnación de una Reina

Ustedes son dioses

Libros de Marcelo Cezar y Marco Aurelio

El Amor es para los Fuertes

La Última Oportunidad

Nada es como Parece

Para Siempre Conmigo

Solo Dios lo Sabe

Tú haces el Mañana

Un Soplo de Ternura

Libros de Vera Kryzhanovskaia y JW Rochester

La Venganza del Judío

La Monja de los Casamientos

La Hija del Hechicero

La Flor del Pantano

La Ira Divina

La Leyenda del Castillo de Montignoso

La Muerte del Planeta

La Noche de San Bartolomé

La Venganza del Judío

Bienaventurados los pobres de espíritu

Cobra Capela

Dolores

Trilogía del Reino de las Sombras

De los Cielos a la Tierra

Episodios de la Vida de Tiberius

Hechizo Infernal

Herculanum

En la Frontera

Naema, la Bruja

En el Castillo de Escocia (Trilogía 2)

Nueva Era

El Elixir de la larga vida

El Faraón Mernephtah

Los Legisladores

Los Magos

El Terrible Fantasma

El Paraíso sin Adán
Romance de una Reina
Luminarias Checas
Narraciones Ocultas
La Monja de los Casamientos

Libros de Elisa Masselli
Siempre existe una razón
Nada queda sin respuesta
La vida está hecha de decisiones
La Misión de cada uno
Es necesario algo más
El Pasado no importa
El Destino en sus manos
Dios estaba con él
Cuando el pasado no pasa
Apenas comenzando

**Libros de Vera Lúcia Marinzeck de Carvalho
y Patricia**

Violetas en la Ventana

Viviendo en el Mundo de los Espíritus

La Casa del Escritor

El Vuelo de la Gaviota

**Vera Lúcia Marinzeck de Carvalho
y Antônio Carlos**

Amad a los Enemigos

Esclavo Bernardino

la Roca de los Amantes

Rosa, la tercera víctima fatal

Cautivos y Libertos

Deficiente Mental

Aquellos que Aman

Cabocla

El Ateo

El Difícil camino de las drogas

En Misión de Socorro

La Casa del Acantilado

La Gruta de las Orquídeas

La Última Cena

Morí, ¿y ahora?

Las Flores de María

Nuevamente Juntos

Libros de Mônica de Castro y Leonel

A Pesar de Todo

Con el Amor no se Juega

De Frente con la Verdad

De Todo mi Ser

Deseo

El Precio de Ser Diferente

Gemelas

Giselle, La Amante del Inquisidor

Greta

Hasta que la Vida los Separe

Impulsos del Corazón

Jurema de la Selva

La Actriz

La Fuerza del Destino

Recuerdos que el Viento Trae

Secretos del Alma

Sintiendo en la Propia Piel

World Spiritist Institute

www.ingramcontent.com/pod-product-compliance
Lightning Source LLC
LaVergne TN
LVHW041947070526
838199LV00051BA/2932